O dever de cuidar

CARO(A) LEITOR(A),

Queremos saber sua opinião sobre nossos livros.
Após a leitura, siga-nos no
linkedin.com/company/editora-gente,
no TikTok **@editoragente**
e no Instagram **@editoragente**,
e visite-nos no site
www.editoragente.com.br.
Cadastre-se e contribua com
sugestões, críticas ou elogios.

Rafael Schinoff e Roberta Bellumat

O dever de cuidar

Um guia essencial para apoiar famílias
e inspirar quem deseja empreender
no cuidado humanizado

Gente
AUTORIDADE

Diretora
Rosely Boschini

Gerente Editorial Sênior
Rosângela de Araujo Pinheiro Barbosa

Editora Pleno
Carolina Forin

Assistente Editorial
Mariá Moritz Tomazoni

Produção Gráfica
Leandro Kulaif

Edição de Texto
Giulia Molina

Preparação
Fernanda Guerriero Antunes

Capa
Vanessa Lima

Projeto Gráfico
Márcia Matos

Adaptação e Diagramação
Vivian Valli

Revisão
Andresa Vidal
Lara Freitas

Impressão
Bartira

R. Dep. Lacerda Franco, 300
Pinheiros – São Paulo, SP
CEP 05418-000
Telefone: (11) 3670-2500
Site: www.editoragente.com.br
E-mail: gente@editoragente.com.br

Dados Internacionais de Catalogação na Publicação (CIP)
Angélica Ilacqua CRB-8/7057

Schinoff, Rafael
    O dever de cuidar : um guia essencial para apoiar famílias e inspirar quem deseja empreender no cuidado humanizado / Rafael Schinoff, Roberta Bellumat. - São Paulo : Autoridade, 2024.
    192 p.

ISBN 978-65-6107-033-1

1. Saúde 2. Idosos – Cuidados e tratamento I. Título II. Bellumat, Roberta

---

24-5363   CDD 613.71

Índices para catálogo sistemático:
1. Saúde

Nota da publisher

Cuidar de quem amamos, especialmente quando essa pessoa precisa de cuidados específicos, pode ser uma das experiências mais desafiadoras que enfrentamos. Esse é um momento cheio de incertezas: a rotina muda, as exigências aumentam, e muitas vezes nos sentimos despreparados, sem saber como oferecer o melhor cuidado. No Brasil, com poucas estruturas de apoio disponíveis, a responsabilidade costuma recair totalmente sobre a família, tornando a jornada ainda mais difícil e solitária.

Para apoiar essas pessoas, Rafael Schinoff e Roberta Bellumat apresentam neste livro um guia essencial para o cuidado humanizado e eficiente dos idosos, voltado tanto para familiares quanto para profissionais de saúde. Ao abordar desde os primeiros sinais de envelhecimento até as etapas mais delicadas da demência, o livro oferece ferramentas práticas, conselhos de profissionais e dicas específicas para que cada idoso receba a atenção que merece, minimizando desgastes. É uma obra que se destaca ao explicar como adaptar o lar, manejar medicações e contratar o profissional certo, sempre priorizando a dignidade e o conforto da pessoa idosa.

Com ampla experiência em agenciamento de profissionais de saúde, Rafael Schinoff, fundador da Padrão Enfermagem, e Roberta

Bellumat, sua sócia, trazem a vivência de quem conhece profundamente essa realidade. À frente da Padrão Enfermagem, referência nacional na intermediação de profissionais de saúde, construíram uma rede que valoriza o cuidado humanizado. Essa combinação de empatia e prática oferece métodos testados, trazendo segurança e apoio para famílias em busca de suporte.

Convido você a descobrir em *O dever de cuidar* um guia que pode trazer mais leveza e segurança para esse momento, ajudando-o á transformar o cuidado com seu ente querido em uma experiência de acolhimento e respeito. Ao cuidarmos de quem amamos, estamos também criando uma sociedade que valoriza todas as gerações e torna o envelhecimento uma fase vivida com carinho e dignidade.

ROSELY BOSCHINI
CEO e Publisher da Editora Gente

À minha mãe, Dona Nice, por ser minha maior inspiração
na missão de cuidar. Seu exemplo de dedicação
e amor pelo próximo guia minha trajetória e inspira
minha missão de apoiar famílias.
Ao Alexandre Teixeira, por seu apoio essencial durante
os primeiros passos da Padrão Enfermagem, bem como
no desenvolvimento da rede de franquias.
À dra. Marta Sittoni, pela base jurídica sólida que
nos deu segurança e autoridade, sendo uma parceira
fundamental em nossa trajetória.
E à Roberta, uma empreendedora que admiro profundamente.
Sua parceria fortalece a marca, a rede de franquias e nossos
negócios, mostrando que juntos podemos ir ainda mais longe.

Rafael Schinoff

A Deus, por ser minha força, luz e guia em todos os momentos.
Ao meu marido, Eduardo, pelo amor, paciência
e apoio incondicional que me impulsionam.
Ao meu filho, Bernardo, alegria da minha vida
e maior motivação para sempre buscar o melhor.
À minha sócia, Lillian, pela dedicação
e competência que me permitem alçar novos voos.
Ao meu sócio, Rafael, cuja visão brilhante
e apoio constante transformaram sonhos em conquistas.
Aos franqueados que fazem parte dessa história de sucesso
e a todos que acreditam e torcem por mim,
meus mais sinceros agradecimentos.

Roberta Bellumat

Sumário

Prefácio

Cuidar de quem um dia cuidou de nós não é apenas um dever. É um ato de amor, uma demonstração de respeito e, acima de tudo, uma escolha consciente de valorizar a dignidade humana. Vivemos em um mundo onde o envelhecimento da população já não é apenas uma previsão futura: é uma realidade que desafia a nossa sociedade a repensar suas prioridades. No Brasil, mais de 10% da população já ultrapassou os 65 anos, e esse número está crescendo rapidamente.[1] Mas, enquanto celebramos a conquista de vidas mais longas, precisamos também refletir sobre a qualidade dessa vida.

O aumento das doenças degenerativas, as limitações físicas e emocionais e os desafios enfrentados por famílias que, muitas vezes, se sentem desamparadas, mostram que não basta prolongar os dias; é preciso preencher cada um deles com cuidado, empatia e respeito. Envelhecer com dignidade não pode ser um privilégio de poucos, pois é um direito de todos.

---

[1] CENSO: número de idosos no Brasil cresceu 57,4% em 12 anos. **Secretaria de Comunicação Social.** Disponível em: www.gov.br/secom/pt-br/assuntos/noticias/2023/10/censo-2022-numero-de-idosos-na-populacao-do-pais-cresceu-57-4-em-12-anos. Acesso em: 23 jan. 2025.

Rafael Schinoff e Roberta Bellumat entenderam isso de maneira única. À frente da Padrão Enfermagem, eles não apenas inovaram na assistência domiciliar no Brasil; eles humanizaram esse processo, transformando o cuidado técnico em um modelo que prioriza o bem-estar integral. Rafael, moldado por sua convivência com a mãe enfermeira, aprendeu desde cedo que cuidar é muito mais do que realizar tarefas: é um compromisso com o coração, uma conexão genuína com o ser humano que está diante de nós.

Este livro é tanto um guia técnico quanto um manifesto de amor e cuidado, uma bússola para aqueles que desejam oferecer não só suporte, mas também esperança. Em suas páginas, você encontrará soluções práticas para os desafios diários do cuidado com idosos: desde a adaptação de ambientes e a administração de medicamentos até o suporte emocional de que tantas famílias precisam. Ele também inspira empreendedores a enxergarem no cuidado humanizado uma oportunidade de criar negócios éticos e sustentáveis, que façam a diferença em uma sociedade que ainda está aprendendo a valorizar pessoas passando pelo processo de envelhecimento.

Rafael e Roberta compartilham aqui a experiência de uma vida dedicada ao cuidado e oferecem ferramentas que tornam acessível o que muitos acreditam ser impossível. Suas orientações, formulá-rios práticos e insights empreendedores são um presente para quem quer transformar o cuidado em um processo eficiente e, acima de tudo, humano.

Se você está segurando este livro, é porque já deu o primeiro passo em direção a um compromisso transformador: construir um futuro mais justo para aqueles que vieram antes de nós. Que cada capítulo seja um chamado para o compromisso com a dignidade, e que cada ação inspirada por esta leitura se torne uma prova de que é possível, sim, cuidar com excelência, respeito e amor.

Porque cuidar de quem cuidou de nós não é apenas retribuir. É honrar a vida.

Roberto Shinyashiki
Médico, empresário e autor best-seller

Introdução

Nossa realidade é bem diferente daquela vivida por nossos antepassados, quando a expectativa de vida era mais curta e poucas pessoas chegavam à sétima década. Hoje, no Brasil, alcançar os 80 anos se tornou comum, e comemorar o centenário não é mais uma grande façanha. Sabemos, porém, que na longevidade nem tudo é positivo, já que viver mais aumenta significativamente o surgimento de doenças degenerativas, além das limitações comuns da idade. Em função disso, muitas famílias vêm enfrentando sérias dificuldades para acolher seus idosos e lidar com eles.

Foi esse cenário desafiador que me estimulou a criar um serviço de agenciamento de enfermeiros, técnicos de enfermagem e cuidadores de idosos, utilizando um formato de trabalho ainda pouco conhecido, mas que já teve eficácia comprovada: a intermediação de mão de obra, que assegura todo o respaldo jurídico para as famílias e qualidade de atendimento para pessoas de idade e enfermos. Hoje, estamos presentes em todo o Brasil, com unidades próprias e franqueadas, agenciando profissionais da saúde para famílias que necessitam de acompanhamento, cuidados e procedimentos, bem como para empresas que necessitam compor seu quadro de profissionais.

Muitos imaginam que venho da área da saúde, mas na verdade sou administrador de empresas e meu conhecimento no setor de cuidados se deve à minha história de vida. Minha mãe sempre desejou que eu me tornasse enfermeiro graduado ou, como costumava dizer, um "enfermeiro padrão", pois ela foi auxiliar de enfermagem. No entanto, nunca senti o chamado da enfermagem; não tenho inclinação para cuidar das pessoas. Eu reconhecia em mim um espírito empreendedor, e meu maior desejo era administrar uma empresa, fazê-la crescer e dar lucros. Por isso, optei pela área administrativa.

Enquanto estava na faculdade, trabalhei no setor de vendas de um grande magazine de Porto Alegre, onde vivo, e, ao me formar, pedi demissão para procurar uma colocação do mercado empresarial. Mas o fato de ser recém-formado e ter experiência apenas na área de vendas não me ajudou a conseguir o emprego que eu tanto desejava. Passei algum tempo muito desestimulado, desiludido com a área que havia escolhido, até que um dia comecei a observar com outros olhos o que minha mãe fazia. Embora já aposentada, ela ainda cuidava de uma senhora com Alzheimer.

Lembranças do meu passado também vieram à tona nessa ocasião. Eu me recordo até hoje das noites que passei dormindo na sala de descanso dos funcionários no hospital onde minha mãe trabalhava, quando ela não tinha com quem me deixar para cumprir seus plantões noturnos. E lembrei ainda do que minha mãe sempre me contava, sobre o que a fez passar de auxiliar de limpeza a auxiliar de enfermagem no mesmo hospital. Com apenas seis meses, eu tive uma bronquiolite – infecção séria que afeta as vias respiratórias inferiores de bebês – e fui internado, mas meu estado de saúde se complicou. Levado para a UTI, tive uma parada respiratória de três minutos e fui reanimado pela equipe médica. Tudo isso aconteceu sob as vistas da minha mãe, que, naquele momento de profundo desespero, percebeu o valor do trabalho da enfermagem.

Algum tempo depois, a direção do hospital ofereceu aos funcionários do setor de limpeza a oportunidade de fazer um curso de atendente de enfermagem, o que minha mãe aceitou de pronto, pois queria ter o conhecimento daqueles profissionais, caso eu adoecesse novamente. Foi então que ela começou a se apaixonar pela área, o que fez com que eu me aproximasse da profissão. Crescendo naquele ambiente, aprendi a admirar as pessoas que cuidavam dos doentes.

Em 2006, ao me ver com um diploma universitário, mas sem trabalho e sem dinheiro, meu espírito empreendedor finalmente ganhou coragem para florescer e me dei conta de que havia um grande nicho de mercado na área de cuidados com enfermos e idosos. Resolvi criar a Padrão Enfermagem, nome que escolhi para satisfazer, de alguma forma, aquele desejo de minha mãe de ter um filho "enfermeiro padrão".

O início não foi nada fácil. Sem recursos para investir em um novo negócio ou abrir um escritório, comecei trabalhando em casa. Publiquei um anúncio nos classificados de empregos de um jornal e montei um banco de profissionais de enfermagem, pois naquela época a figura do cuidador de idosos ainda não existia. Em seguida, parti para a segunda etapa do meu projeto: oferecer os serviços desses profissionais e angariar clientes. Logo percebi que estava no caminho certo, pois em apenas oito meses pude deixar o sistema home office e montar meu primeiro escritório.

É claro que minhas experiências de vida e profissional na área comercial contribuíram para o sucesso do meu negócio. E, graças ao meu convívio com a enfermagem, conheço muito bem as necessidades das famílias que têm pessoas doentes e acamadas em casa.

Para que se sintam seguras, aprendi como ampará-las em suas dúvidas. Eu acredito que os lares de idosos são importantes em casos específicos, mas é na própria casa, com a família, que a pessoa de idade se sente mais feliz, o que a torna menos vulnerável a doenças.

Para cada novo cliente que recebia, minha primeira ação era fazer uma visita à família, a fim de compreender a complexidade do trabalho que o beneficiário requeria – algo que os familiares em geral desconhecem. Um cuidador de idosos, por exemplo, não está apto a administrar medicamentos por via intravenosa, apenas os profissionais de enfermagem podem fazê-lo, sendo atribuição dos cuidadores – atividade ainda não regulamentada – somente os cuidados básicos. Era preciso analisar ainda a dinâmica familiar e as preferências da pessoa que seria cuidada. Após essa primeira avaliação, entendi que era muito importante manter contato constante com as famílias para verificar o grau de satisfação com o serviço.

Em 2011, com o sucesso da minha empresa, acreditei que era o momento de abrir a primeira filial em outra cidade, pois sempre me interessei em expandir o meu conhecimento, algo que considero muito importante nos dias atuais, em função do aumento da longevidade da população. Foi quando um amigo me convenceu de que o meu negócio tinha um potencial ainda maior e poderia ser franqueado em todo o Brasil. Afinal, as dores das famílias que precisam de profissionais de saúde e cuidadores de idosos são as mesmas em todos os lugares.

Aceitei o desafio, submeti o meu projeto à Associação Brasileira de Franquias e ele foi aprovado. Hoje, a Padrão Enfermagem tem mais de cinquenta franquias e é a única em seu modelo no sistema de *franchising*. Além de pessoas de idade, há beneficiários de outras faixas etárias – e não apenas em domicílio, mas também em hospitais e empresas. Somos uma rede de franquia chancelada pelos principais órgãos regulatórios e julgadores, como Ministério Público do Trabalho e Justiça do Trabalho, o que nos confere autoridade no que fazemos. Atuamos em todo o Brasil por meio de nossas unidades próprias e unidades franqueadas, e também estamos aptos a atender remotamente nas localidades onde não há franquias.

Apesar de me sentir realizado com meu trabalho, sei que a área em que atuo ainda enfrenta muitos desafios, como a informalidade que tomou conta do mercado. Além do risco de contratar indivíduos leigos para algo tão complexo como cuidar de uma pessoa idosa, a modalidade informal não dá às famílias nenhuma segurança jurídica. E, por questões financeiras e de desconhecimento, poucas optam por contratos via CLT, pois este modelo, além de ser oneroso, não atende às necessidades e dinâmica de cuidados e assistência em saúde, especialmente no que diz respeito à carga horária.

Com a flexibilidade que o sistema de intermediação oferece, é possível contratar profissionais pelo tempo que melhor convier às famílias – horas, dias, semanas, apenas para acompanhar o idoso na realização de um exame ou durante uma internação hospitalar. Os profissionais também são direcionados a desempenhar suas atividades de acordo com a própria conveniência, disponibilidade de horários e preferências. E como trabalhar com pessoas é lidar com imprevistos, a Padrão Enfermagem oferece atendimento 24 horas para resolver intercorrências relativas à falta de mão de obra.

Hoje, gosto muito de olhar para trás e ver o quanto caminhei nos últimos dezoito anos, mas não deixo de olhar também para o futuro, quando mais e mais famílias necessitarão de indivíduos qualificados para cuidarem de seus idosos. Por isso, um dos meus maiores objetivos é compartilhar meu conhecimento, e este é o propósito deste livro. Nas próximas páginas, você vai conhecer a fundo todos os detalhes que compõem um cuidado de qualidade com menos sofrimento e desgaste para as famílias.

Aqui serão abordadas as diversas formas de contratação de um profissional da saúde e de cuidados, as atribuições específicas de cada um deles, bem como aspectos importantes do convívio entre a família, a pessoa assistida e os cuidadores. Também entenderemos pontos fundamentais dos quais todos que convivem com idosos devem ter ciência, como informações sobre as principais doenças, o que fazer nas emergências mais comuns e como administrar problemas que o envelhecimento costuma trazer.

Outra característica importante do nosso trabalho é a adesão ao cuidado humanizado, uma tendência que vem popularizando-se na área de saúde. Trata-se de ver o paciente como um ser humano digno de respeito, não importando a idade e muito menos condição física e mental. Acreditamos de verdade que as práticas de cuidado humanizado são capazes de melhorar o atendimento e promover mais saúde e qualidade de vida, já que, além das técnicas e procedimentos clínicos necessários, esse modelo preconiza a empatia, a valorização da dignidade e autonomia dos pacientes, além da adoção de uma comunicação em que são apresentadas aos pacientes as opções de tratamento para que eles as compreendam, quando lúcidos.

É importante lembrar que as informações contidas nos capítulos que seguem têm como principal foco o cuidado com idosos, mas podem ser úteis também para quem tem em casa crianças e adultos com necessidades especiais e quaisquer pessoas que precisem de cuidados contínuos ou ocasionais. E, para facilitar o dia a dia de quem cuida de um ente querido, estas páginas trazem ainda uma série de formulários que podem ajudar na rotina. Basta ver quais são os que melhor se adaptam ao seu caso e copiá-los, utilizando o QR Code que está no fim do livro.

Ao final da leitura, você vai conhecer as experiências de alguns franqueados da Padrão Enfermagem. Muitos deles encontraram nesse trabalho uma grande oportunidade de realização pessoal e profissional, pois sabem que estão contribuindo diretamente para a felicidade e qualidade de vida da população idosa.

Cuidando bem de quem está vulnerável, fazemos com que não apenas a velhice, mas todas as fases da vida possam ser vivenciadas com dignidade, respeito e amor. Por isso, acredito que este é um guia essencial para os dias atuais e para nosso futuro, quando cuidaremos de nossos entes queridos ou seremos cuidados, pois quem ama cuida, e quem não ama, também.

Aproveite a leitura!
Rafael Schinoff

01

Quando chega a velhice

Dona Ivete sente que já não é mais a mesma. Aos 72 anos, tem dificul-dades para levantar da cama e de vez em quando se desequilibra. Certa manhã, em casa, ao descer os três degraus que levam ao seu quintal, desequilibrou-se e caiu, mas não contou a ninguém. Algumas semanas depois, levou um novo tombo ao sair de casa para ir ao mercado. Seu filho soube pelos vizinhos e decidiu que a mãe, viúva, já não podia mais viver sozinha: era hora de levá-la para morar com ele. Mas dona Ivete se recusa a deixar a casa onde sempre viveu, diz que está bem e não quer dar trabalho. O filho teme que só depois de um acidente mais grave ela finalmente aceite que precisa de cuidados.

Em um mundo ideal, a necessidade de cuidar de uma pessoa idosa jamais chegaria de repente. A família teria tempo de se organizar, distribuir as funções, escalar horários; enfim, tudo seria feito de modo a não desestruturar a rotina familiar e oferecer à pessoa de idade o melhor cuidado possível. Sabemos, no entanto, que não é assim que acontece.

Hoje, quem não está cuidando de seus pais idosos conhece pelo menos alguém que vive essa situação, quase sempre complicada. Ao contrário de muitos países mais desenvolvidos, não temos estruturas de apoio acessíveis às famílias que têm idosos, como casas onde eles possam passar o dia em atividades lúdicas para sua idade ou condomínios exclusivos com serviços nos quais é possível viver a velhice com qualidade e conforto.

Em nosso país, por falta de condições ideais de assistência social aos mais velhos, cuidar deles, sobretudo quando se tornam dependentes, é uma tarefa difícil e delicada e que com muita frequência causa conflitos até mesmo em famílias nas quais sempre reinou a paz. São muitas as demandas da pessoa que envelhece, e a perspectiva não é animadora, já que o mais provável é que a necessidade de cuidados aumente com o passar do tempo.

A vida de um idoso, ainda que ele não tenha comprometimentos mais graves, é trabalhosa, e é comum que as famílias se sintam perdidas, sem saber que caminho tomar para que o processo de envelhecimento de um ente querido não o coloque em sofrimento, tampouco desestruture emocional e até financeiramente a todos. Assim, por inexperiência, as famílias muitas vezes cometem erros que tornam a situação mais complexa e complicada do que de fato é.

Um erro muito comum é não incluir a pessoa idosa nas decisões a serem tomadas sobre a própria vida. Muitas vezes, na ânsia de resolver o problema, os familiares decidem o que é mais conveniente para eles, mas não levam em conta a vontade daquele que envelheceu. Se o indivíduo de idade está lúcido, é importante que sua vontade seja considerada, na medida do possível.

É direito do idoso viver de acordo com sua escolha. Há pessoas que ao menor sinal de velhice anunciam que querem ir para um lar de idosos, enquanto outras fazem questão de serem cuidadas pelos filhos, pois consideram isso uma obrigação deles. No entanto, existem os que são desapegados e que optam por fazer um rodízio com os filhos, morando uma temporada na casa de cada um. Já outros só desejam uma coisa: ficar em suas casas até o fim.

É claro que muitas variáveis influenciam a decisão de como será a vida do idoso quando ele não tem mais condições de viver sozinho, como seu estado de saúde física e mental, sua condição financeira e até mesmo a disponibilidade dos membros da família. A experiência, porém, mostra que a própria casa é o lugar em que a pessoa de idade viverá melhor, pois é onde estão todas as suas referências, lembranças, histórias e tudo que ela conquistou ao longo da vida.

A escolha de quem vai ser responsável pela pessoa idosa também é uma questão delicada. Antigamente, tal tarefa costumava ser de responsabilidade de uma filha solteira (ou até mesmo casada), uma neta ou uma sobrinha, mas sempre uma mulher. Mas a vida mudou, as mulheres foram para o mercado de trabalho e quase não existe mais a disponibilidade feminina do passado para essa função.

Muitas vezes essa tarefa recai para a funcionária doméstica, pois ela já trabalha na casa e conhece bem o indivíduo idoso. No entanto, essa solução – que a princípio parece tão simples – não demora a se mostrar equivocada. Além das questões jurídicas, cuidar de um idoso não é como cuidar de mais um cômodo da casa, sendo uma função que requer habilidade e tempo que uma funcionária doméstica, em geral, não tem.

Delegar esse cuidado à pessoa de idade é, portanto, uma escolha que convém à família, mas que com certeza não é a melhor para quem precisa do cuidado. Embora estejam na mesma categoria, as funções do funcionário doméstico e dos cuidadores de idosos são distintas e exigem conhecimentos muito diferentes. O que acontece nesses casos é que as famílias priorizam a confiança naquele que vai cuidar do idoso, o que é um equívoco. Elas deveriam, primeiro, encontrar um profissional capacitado e, depois, criar o vínculo de confiança.

Outra escolha bastante comum, sobretudo entre as mulheres, é deixar o emprego para se dedicar integralmente aos cuidados dos pais ou parentes idosos. No entanto, esse arranjo tem grandes chances de não ser bem-sucedido. Em primeiro lugar, porque o amor e a abnegação não dão conta da tarefa; é preciso ter conhecimentos e habilidades específicas que apenas os cuidadores profissionais possuem.

Cuidar de alguém idoso, na maioria dos casos, exige habilidades e técnicas de manejo, além de força física. Ainda, o vínculo afetivo e emocional afeta o cuidado, e nem sempre de maneira positiva. Há casos nos quais a pessoa de idade se torna rebelde quando é cuidada por alguém de sua intimidade e passa a se recusar a fazer o que é preciso. Já o profissional pode dar conforto emocional a ela, mas, por não ter vínculos fortes, tudo se torna mais fácil.

A realidade é que muitas vezes a proximidade mais atrapalha do que ajuda. Não é raro que uma pessoa idosa, geralmente por questões de pudor ou por pura incompatibilidade, não se sinta confortável ao ser cuidada por alguém muito próximo e prefira que uma pessoa de fora cuide dela. Há casos em que nem os próprios filhos ou filhas são aceitos nesse papel.

Além de tudo isso, a decisão de deixar o trabalho para cuidar de um ente querido tem um preço alto. O indivíduo perde não apenas o emprego, mas o convívio com outras pessoas, com seu meio social, sentindo-se isolado do mundo. Não levará muito tempo até que se arrependa de ter deixado o dia a dia profissional para trás. Por isso, é melhor que o familiar se mantenha no emprego e pague um cuidador qualificado para cuidar do idoso.

É importante lembrar que, embora alguém de idade seja mais vulnerável, ele pode conviver bem com suas limitações se receber a atenção e os cuidados necessários para manter a qualidade de vida. Além disso, não se tornar motivo de sacrifício para os familiares é, sem dúvida, um ganho significativo para os idosos.

PRIMEIRAS ADAPTAÇÕES

Ao primeiro sinal de que a pessoa de idade não tem mais a mesma facilidade de movimentos, é preciso pensar em adaptações na casa. Isso é tão importante que tal iniciativa muitas vezes parte do próprio idoso, especialmente se mora sozinho. É sabido que a maioria das quedas que leva a internações e incapacitações (e, em casos mais graves, podem provocar a morte) acontece em casa, no trajeto do quarto para a cozinha e do quarto para o banheiro. Por isso, estudar a possibilidade de fazer adaptações para aumentar a segurança dentro de casa é uma medida preventiva que sempre dá bons resultados. Seguem algumas dicas:

- Se a casa tem muitos móveis e enfeites, simplifique tudo. Elimine o que não é utilizado de modo a aumentar a livre circulação nos ambientes. Evite móveis de vidro e aqueles muito leves, que não podem servir de apoio em caso de necessidade.
- Instale barras de apoio no banheiro. Os locais mais indicados são dentro do box do chuveiro e ao lado do vaso sanitário. É importante que essas barras sejam robustas e chumbadas na parede ou no chão, para dar segurança e apoio.
- Cuidado com pisos que derrapam. Se não for possível trocá-los, utilize resinas antiderrapantes que podem ser aplicadas sobre eles.
- Elimine os tapetes da casa, especialmente os menores; e retire fios soltos do chão.
- À medida que a mobilidade diminui, deve-se optar por sofás, poltronas e colchões mais altos que o padrão, que facilitam o sentar e levantar. Para os banheiros, uma boa compra é o elevador de vaso sanitário, de fácil colocação, encontrado em lojas de materiais de construção.
- Se há escadas na casa, é imprescindível que haja corrimãos em ambos os lados.

O AMOR E A ABNEGAÇÃO NÃO DÃO CONTA DA TAREFA; É PRECISO TER CONHECIMENTOS E HABILIDADES ESPECIAIS QUE APENAS OS CUIDADORES PROFISSIONAIS POSSUEM.

O dever de cuidar
@rafael_schinoff_ceo
@roberta_bellumat

- Verifique a iluminação da residência, pois é preciso ter lâmpadas claras e abajures para leitura.
- Evite ao máximo que a pessoa idosa precise usar banquinhos ou escadas para ter acesso aos objetos de uso frequente. Se for o caso, faça com ela uma nova organização nos armários, colocando o que é mais usado ao alcance das mãos.
- Não reutilize recipientes de alimentos para guardar produtos químicos, como inseticida, álcool etc. Uma pequena distração pode provocar um grave acidente.
- Se possível, não tenha trancas nas portas dos cômodos. Especialmente no banheiro, o ideal é uma fechadura que também abra por fora.
- Maçanetas e torneiras devem ser de fácil manuseio, evitando-se as arredondadas e lisas e dando preferência às do tipo alavanca, fabricadas com material leve.
- Bidês, comuns em banheiros antigos, são perigosos. O melhor é retirá-los e substituí-los pelos chuveirinhos higiênicos manuais. Eliminar o bidê tem ainda a vantagem de aumentar a área de circulação no banheiro.
- Os calçados das pessoas idosas merecem atenção especial. Prefira os fechados e com solados firmes.

Agora que você já sabe as primeiras pequenas adaptações a serem feitas na vida do idoso e compreende a importância de ter como aliado um profissional qualificado, vamos em frente para entender um pouco mais como a velhice pode afetar o dia a dia de seu ente querido e das relações familiares.

02
Conhecer para entender

Vô Edmundo sempre foi um velhinho rígido e sério, muito respeitoso com todos. Um dia, a família recebeu um telefonema da delegacia do bairro. Vô Edmundo havia sido preso. Foi pego roubando uma lata de azeite no supermercado. Em casa, a família decidiu que ele não podia mais sair sozinho, mas vô Edmundo não aceitou a proibição e continuou saindo todas as manhãs, pois não havia quem pudesse acompanhá-lo. Os pequenos roubos no supermercado continuaram, e a solução encontrada pela família foi avisar ao gerente que o vô Edmundo estava iniciando um quadro de demência, para que ele não fosse preso mais uma vez. Os produtos que ele levava para casa eram rigorosamente devolvidos ao supermercado após a subtração.

Em dezembro de 2020, a Assembleia Geral das Nações Unidas declarou a década seguinte – de 2021 a 2030 – como a "década do envelhecimento saudável",[2] estratégia que visa construir uma sociedade que acolha e valorize todas as faixas etárias, com destaque para os idosos.

De fato, temos visto nos últimos tempos o surgimento de vários programas e inciativas para melhorar a vida de quem envelhece em nosso país, já que essa população será a maioria em um futuro breve. De acordo com o Ministério da Saúde, as pessoas de idade representam atualmente 14,3% dos brasileiros, ou seja, 29,3 milhões de pessoas. Em 2030, o número de idosos deve superar o de crianças e adolescentes de 0 a 14 anos. Entre 2000 e 2022, tivemos um salto de 8,6% para 15,1% da população brasileira com 60 anos ou mais.[3]

[2] ONU. Assembleia Geral da ONU declara 2021-2030 como Década do Envelhecimento Saudável. **Nações Unidas Brasil**, 15 dez. 2020. Disponível em: https://Brasil.un.org/pt-br/105264-assembleia-geral-da-onu-declara-2021-2030-como-d%C3%A9cada-do-envelhecimento-saud%C3%A1vel. Acesso em: 22 out. 2024.

[3] MINISTÉRIO DA SAÚDE. 01/10 – Dia Nacional do Idoso e Dia Internacional da Terceira Idade: "A jornada para a igualdade". **Biblioteca Virtual em Saúde**. Disponível em: https://bvsms.saude.gov.br/01-10-dia-nacional-do-idoso-e-dia-internacional-da-terceira-idade-a-jornada-para-a-igualdade/. Acesso em: 22 out. 2024.

Apesar do fato de que todos nós envelheceremos, a verdade é que pouco sabemos sobre a velhice; vivemos como se ela nunca fosse chegar e não nos interessamos muito sobre o futuro que nos aguarda. No entanto, é importante que conheçamos melhor essa fase da vida, não apenas porque vamos vivenciá-la, mas também por ser muito saudável que haja mais interação entre as pessoas jovens e as idosas.

Outro motivo para conhecermos melhor o envelhecimento é o fato de que, não sabendo distinguir o que é próprio do envelhecimento e o que é doença, as pessoas podem deixar de prestar a assistência necessária ao idoso e cair na negligência.

Em termos biofisiológicos, o envelhecimento é uma progressiva incapacidade de manutenção do equilíbrio orgânico. O processo se inicia geralmente na segunda década de vida, sem que percebamos. Já a partir da quarta década, há uma perda aproximada de 1% da função ao ano nos diferentes sistemas orgânicos. No entanto, é por volta dos 60 anos que as perdas se tornam mais perceptíveis.[4]

Alterações no sono, diminuição da força muscular, redução da defesa pulmonar, menor renovação da pele, achatamento das vértebras e aumento de 20% a 30% na gordura corporal total são apenas alguns aspectos do envelhecer. Entretanto, a hereditariedade é responsável por cerca de 30% a 50% da qualidade do envelhecimento.[5] Assim, se há na família doenças cardiovasculares, diabetes, câncer, doença de Alzheimer, entre outras, será preciso um esforço na incorporação de hábitos de vida saudáveis

[4] JACOB FILHO, W. Envelhecimento e atendimento domiciliário. *In*: DUARTE, Y. A. O.; DIOGO, M. J. D. **Atendimento domiciliar**: um enfoque gerontológico. São Paulo: Atheneu, 2000.

[5] BRAZ, E.; CIOSAK, S. I. O perfil do envelhecimento. *In*: BRAZ, E.; SEGRANFREDO, K. U.; CIOSAK, S. I. **O paradigma da terceira idade**. Cascavel: Coluna do Saber, 2006.

para adiar o surgimento dessas doenças. Se a herança é favorável, porém, um bom estilo da vida otimizará mais ainda a qualidade do envelhecimento.

Você já deve ter percebido, mas em algumas pessoas o envelhecimento costuma provocar mudanças de comportamento, especialmente quando elas passam a precisar de cuidados. É normal que fiquem diferentes, mais arredias, às vezes até "sem filtro". E tudo se torna mais desafiador quando o idoso começa a apresentar sinais de demência. É o caso daquele avô ou avó que nunca falou um palavrão e de repente está xingando todo mundo. Há também doenças que podem exacerbar a libido, como o Alzheimer, o que pode provocar constrangimento aos familiares.

Cuidar de alguém idoso requer paciência e amor acima de tudo, lembra a psicóloga Renata Lima, especializada em gerontologia. É comum que as pessoas, ao envelhecerem, tornem-se teimosas; é natural. E, quando existe demência, é preciso ainda mais paciência.

De acordo com ela:

> Se o cuidado com o idoso pode ser mesmo complicado, tudo melhora quando temos com quem compartilhar as experiências. Por isso, é muito importante criar uma rede de apoio com amigos, vizinhos e associações de bairro. Outra saída para evitar o desgaste da família é procurar ajuda de um profissional de cuidados com idosos, mesmo que por apenas um período do dia.[6]

Pessoas de idade também apresentam maior tendência à depressão em função das perdas pelas quais passam em vários âmbitos da vida. A perda da independência, da mobilidade, dos parentes,

---

[6] Entrevista concedida aos autores em 4 de julho de 2024 via Google Meet.

a sensação de não ter mais utilidade e o isolamento são alguns dos motivos. A aposentadoria, por exemplo, é um momento ansiosamente aguardado por quem está perto de envelhecer, mas nem sempre parar de trabalhar se torna um benefício real. Há quem encontre no tempo livre não um prêmio, mas um castigo, e acabe deprimindo-se. De fato, se a pessoa não se preparou para essa fase, a aposentadoria pode ser um período muito difícil. E para aqueles que não podem participar da vida dos filhos e netos, por morarem distantes ou por algum problema de saúde, a temida sensação de inutilidade na vida é comum.

É claro que a personalidade e as crenças do idoso contam muito. Há pessoas que envelhecem bem, que conseguem aceitar com naturalidade as marcas do tempo e as perdas próprias dessa fase da vida, enquanto outras se isolam, entristecem, fogem do convívio com os familiares e amigos. Não fazem projetos, não querem mais saber de compromissos, nem mesmo das tarefas mais simples do dia a dia. Não sabem, no entanto, que essa é a forma mais rápida de prejudicar seu potencial cognitivo.

Idosos que se entregam começam a esquecer onde guardaram suas coisas, não se lembram do nome daqueles com quem convivem, e aceitam isso como se a perda da memória fosse o destino natural de todos que chegam ao envelhecimento. Isso, porém, não é verdade. Lapsos de memória são comuns até em jovens, mas a falta frequente de memória e atenção na pessoa de idade é fruto do enfraquecimento das funções cognitivas.

É importante que os idosos sejam estimulados a pensar, comprometam-se com hábitos que façam com que eles sejam parte do mundo, como a leitura, o cinema, as peças de teatro. Atividades como jardinagem e trabalhos manuais também são muito importantes e se tornam ainda mais produtivas quando realizadas em conjunto, com pessoas da mesma idade.

É muito positivo estimular o idoso a praticar e aprender atividades que melhorem a atenção e concentração, sempre levando em conta sua capacidade física e intelectual. Jogos são muito importantes para isso. Podem ser os de tabuleiro, os de memória, quebra-cabeças, palavras cruzadas etc. Mas é preciso observar sempre a resposta da pessoa idosa a tal estímulo.

Muitas vezes, para ver seu ente querido mais feliz, os familiares insistem que este faça atividades pelas quais ele não tem o menor interesse. É difícil esperar que um idoso que nunca coloriu figuras ou montou quebra-cabeças se sinta estimulado a fazer isso apenas porque envelheceu. Bons cuidadores sabem disso e procuram sempre orientar as famílias para que não insistam em atividades que a pessoa de idade recusa. Boas e pacientes companhias também são importantes. É muito bom que a pessoa de idade possa ser ouvida, tenha com quem conversar e ouvir suas histórias de vida. Quem cuida de um idoso só colherá bons frutos se souber promover momentos agradáveis ao seu lado.

As atividades artísticas também são muito importantes nessa fase. Quem já tinha a arte na vida, não deve abandoná-la; quem não tinha, pode encontrar em uma atividade artística prazeres inéditos. Já está provado que o estímulo à criatividade da pessoa de idade por meio da arte pode trazer imensos benefícios até mesmo no que diz respeito à sua saúde geral.[7] A sensibilidade à arte existe em qualquer pessoa e pode ser descoberta em qualquer idade.

---

[7] Disponível em: https://copec.eu/congresses/wcca2013/proc/works/54.pdf. Acesso em: 6 nov. 2024.

Por meio de atividades artísticas, como a pintura, a modelagem, a música e tantas outras, o indivíduo vai além do material e intelectual e experimenta sensações e emoções novas, que terão influências positivas na vida. Experiências artísticas muitas vezes permitem ao idoso transformar suas dores em algo concreto, resultado de sua arte, o que lhe traz paz e autoconhecimento.

O SONO DOS IDOSOS

Com o avanço da idade, é normal que haja alterações do sono. Pessoas idosas costumam dormir menos e é nessa fase que acontece uma diminuição do sono profundo, que é o relaxante. O envelhecimento também provoca dificuldades para adormecer e mais facilidade de acordar.[8] Podem acontecer noites maldormidas, mas nem sempre isso é sinal de insônia, e apenas o médico poderá diagnosticar o problema e indicar soluções. Um dado importante é saber como era o padrão de sono do indivíduo antes de envelhecer.

Um problema muito comum acontece quando a pessoa idosa é induzida a dormir durante o dia para que não dê trabalho. Mas isso é prejudicial, já que o sono é um processo complexo e o melhor é que ele ocorra da forma mais natural possível, sem manipulações.

Problemas do sono costumam decorrer de outros problemas de saúde e podem ser consequência de ingestão de remédios, problemas urinários, hábito de comer fartamente à noite e horários desregrados. No entanto, há também causas mais graves, por isso é preciso investigar muito bem o que está ocorrendo. Ao consultar um especialista, é muito importante apresentar um "mapa do sono"

---

[8] EQUIPE ESPERANÇA E VIDA. **Tudo o que você precisa saber sobre o sono do idoso**. 28 ago. 2023. Disponível em: https://equipeesperancaevida.com/sono-do-idoso/. Acesso em: 22 out. 2024.

do idoso, que nada mais é do que anotações sobre seu horário e tempo dormindo nas últimas semanas.

Antes disso, vale seguir estes conselhos:

- Transforme o quarto de dormir em um lugar agradável. O ideal é um dormitório escuro e silencioso e com uma temperatura amena.
- Aproveite bem a luz natural, especialmente a da manhã. É a melhor hora para fazer exercícios leves ao ar livre e caminhar.
- Mantenha uma rotina consistente de sono, com horários regulares para dormir e acordar.
- Faça as refeições sempre no mesmo horário.
- Tente não assistir à televisão antes de dormir, sobretudo programas e filmes que contenham violência.
- Não converse sobre assuntos desagradáveis antes de dormir com uma pessoa idosa. Se há uma notícia ruim a ser dada, espere pelo dia seguinte.
- Tirar cochilos durante o dia não é bom e, caso aconteça após o almoço, não deve passar de trinta minutos. Cochilar no fim da tarde ou no início da noite é totalmente errado.
- Evite bebidas alcoólicas, café, chá preto e cigarro, em especial à noite.
- Não é bom administrar medicações durante o sono noturno.

AS NOVAS TECNOLOGIAS

O aumento da longevidade tem chamado a atenção da área de tecnologia e a toda hora novos produtos são lançados para facilitar a vida de quem envelhece. A vantagem é dupla: mais autonomia para as pessoas idosas e menos preocupação para as famílias. E o melhor é que esses novos produtos exigem muito pouco em termos de conhecimento tecnológico, pois são projetados justamente para o público para o qual os computadores ainda guardam certo mistério.

Na verdade, apenas o ato de adotar a tecnologia no dia a dia é importante para os idosos, já que as novas ferramentas têm o poder de estimular o cérebro, auxiliando na prevenção de doenças neurodegenerativas. Ao incluírem a tecnologia em suas rotinas, as pessoas de idade melhoram a qualidade de vida e se permitem ter um envelhecimento mais dinâmico e saudável.

Além das já conhecidas plataformas de comunicação como Skype, WhatsApp e FaceTime, que já fazem parte do dia a dia de muitas pessoas de idade, existem vários aplicativos que podem melhorar a vida de quem tem mobilidade reduzida, problemas de visão ou aqueles que querem estar a par das novidades e participar da evolução do mundo. Conheça algumas dessas novidades tecnológicas para o público idoso que podem ser suas aliadas quando o assunto é cuidar de seu ente querido mais velho:

- **Pulseiras de monitoramento de sinais vitais:** são tecnologias valiosas para monitoramento e gestão de saúde dos idosos, além de úteis para sua segurança, pois fornecem dados em tempo real. Existem várias no mercado, inclusive algumas em forma de relógios. Elas podem monitorar de maneira contínua sinais vitais, o que possibilita acompanhar de perto parâmetros de controle de doenças como diabetes, hipertensão e outras. Algumas pulseiras possuem sensores de movimento para detecção de quedas com alerta automático para as pessoas de interesse. Outras funcionalidades de algumas dessas pulseiras é o monitoramento do sono e lembrete de medicamentos. Com todas essas funções, essa tecnologia ajuda nos tratamentos e contribui para a segurança dos idosos, especialmente aqueles que moram sozinhos.

- **Assistentes virtuais:** oferecem diversos benefícios para as pessoas de idade, com funcionalidades que lhes proporcionam mais autonomia. A Alexa é o assistente mais famoso, mas existem outros. Eles podem atuar como lembretes de medicamentos e fornecem ajuda em tarefas do dia a dia. A comunicação com o dispositivo é por comando de voz, o que permite ao indivíduo de idade fazer chamadas telefônicas e enviar mensagens. Com a instalação de dispositivos inteligentes pela casa, os assistentes virtuais podem controlar a luz e outros aparelhos que a pessoa utiliza, facilitando muito sua vida. Além disso, esses dispositivos podem se tornar uma companhia, respondendo a perguntas sobre o clima, por exemplo. Podem ainda tocar músicas, contar piadas e histórias, e até mesmo jogos de adivinhação para entretenimento. O assistente pode ainda ser programado para emergências, ligando para contatos cadastrados e pedindo ajuda.
- **Câmeras de monitoramento:** permitem observar mudanças no comportamento ou na rotina do idoso e, no caso de haver cuidadores, facilitam a verificação direta da qualidade dos cuidados pela família. São as tecnologias mais antigas para monitoramento de pessoas de idade, mas os modelos mais recentes apresentam algumas funcionalidades acopladas. Há câmeras que permitem integração com outros sistemas de segurança, como detectores de fumaça, sensores de movimento

e recurso de áudio bidirecional para que os idosos conversem com familiares ou cuidadores diretamente através da câmera.

- **Aplicativos diversos:** exigindo pouco conhecimento dos idosos na lida com celulares, os aplicativos – sobretudo os projetados para eles – proporcionam diversão, independência e facilidades em sua rotina, além de ajudarem a manter a mente ativa e facilitarem as conexões sociais. Existem aplicativos para gerenciar medicamentos que compartilham informações com a família ou com os médicos e os que transformam o celular em uma lupa para facilitar a leitura, além de servirem de lanterna. Para as pessoas com pouca visão, o Be My Eyes pode conectá-las com voluntários aptos a ler rótulos ou identificar objetos. E para aqueles que não dominam mais a orientação espacial, existem aplicativos como o Senior Safety, com monitoramento de localização, alertas de quedas e comunicação com familiares em caso de emergência.

Para o idoso que gosta de livros, mas não pode mais ler com facilidade, uma boa solução são os aplicativos de audiolivros, pagos ou gratuitos. E para aqueles que querem ou precisam melhorar a memória, há aplicativos que oferecem diversos jogos e exercícios que estimulam o cérebro.

Para dormir ao som da natureza, ouvir histórias ou apenas meditar de maneira guiada, aplicativos como o Calm ou o Headspace oferecem diversos conteúdos relaxantes e muito úteis para quem tem dificuldade em pegar no sono. São também formas de aliviar a tensão do dia e promover um sono reparador. Entre outros benefícios, a meditação melhora a memória e o fluxo dos neurônios, o que ajuda a prevenir a demência. Quem pratica a meditação com regularidade consegue manter a mente mais leve e equilibrada. Meditar pode ser útil também na prevenção da insônia, depressão e ansiedade.

A VULNERABILIDADE DA PESSOA IDOSA

Dona Jandira foi proibida de dirigir seu automóvel ao completar 80 anos. Ela havia sido a primeira mulher da família a tirar a carteira de motorista, fato de que muito se orgulhava. Mas nos últimos anos sua visão havia piorado muito e uma batida no portão da garagem de casa foi o episódio definitivo que levou sua família a proibi-la de dirigir. Até pouco tempo antes, ela usava o carro para ir às compras, à casa da irmã e até mesmo para pegar os netos na escola, a três quarteirões de casa. Um dia, inconformada com a proibição, ela saiu às escondidas e, nervosa, acabou derrubando uma motocicleta parada ao estacionar, o que fez com que seus filhos escondessem as chaves do carro. Abatida, dona Jandira não quis mais sair de casa e começou a dar sinais de depressão. Sem tempo para estar com ela o dia todo, sua filha decidiu contratar uma cuidadora que soubesse dirigir. A solução deu certo e dona Jandira voltou à animação de antes, indo para todos os locais que queria em seu carro, no lado do carona.

Por mais que sejam cercadas de cuidados, e não importa a maneira como tenham vivido, as pessoas podem mudar muito ao envelhecer. A inconformidade com a velhice, a solidão, a falta de recursos e especialmente as doenças crônicas são capazes de tornar o envelhecimento uma fase muito triste, cercada de medos e insegurança, o que predispõe os idosos à depressão.

É claro que nem toda pessoa de idade é deprimida, nem todas são tristes ou inconformadas com a velhice. Há aquelas que aceitam bem essa fase da vida, a veem como um processo natural e entendem bem as limitações típicas do envelhecimento. São, com certeza, as mais felizes. No entanto, alguns medos sempre acompanham quem começa a se deparar com as limitações comuns do envelhecer.

Entre os medos mais comuns da velhice está a demência, e não sem razão. Ninguém deseja renunciar à própria consciência, e manter a integridade do cérebro é essencial para um envelhecimento saudável. Além disso, as demências e suas consequências representam uma carga muitas vezes excessiva para as famílias, razão pela qual são responsáveis por cerca de 50% das internações em lares de idosos.[9]

A demência é uma síndrome caracterizada pelo declínio progressivo da capacidade intelectual associado à inaptidão de executar as tarefas do dia a dia. Pessoas com demência perdem a habilidade de memorizar e resolver os problemas cotidianos. Infelizmente ainda não existe cura para a doença, mas hoje é possível retardar seu agravamento. Existem muitos tipos de demência causados por diferentes fatores, sendo o Alzheimer a mais conhecida entre elas.

A demência costuma se instalar de modo lento, o que muitas vezes confunde a família e pode fazer com que a doença custe a ser diagnosticada. São os casos de pequenas falhas de memória que acabam sendo consideradas simples distrações ou "coisas da idade". Às vezes, quando o idoso se mostra desinteressado em tudo a seu redor, a demência pode ser confundida com a depressão. São casos

[9] HUANG, J. Demência (Distúrbio neurocognitivo maior). **Manual MSD**, fev. 2023. Disponível em: www.msdmanuals.com/pt/casa/distúrbios-cerebrais-da-medula-espinal e-dos-nervos/delirium-e-demência/demência. Acesso em: 6 nov. 2024.

em que o diagnóstico médico se mostra muito importante, já que é mais simples tratar da depressão do que cuidar de uma demência.

As demências costumam se desenvolver em três fases: a inicial, a intermédia e a tardia, com sintomas classificados como leves, moderados e severos. Entretanto, a progressão da demência é única e diferente para cada indivíduo. Na fase inicial, a pessoa pode ser capaz de viver de maneira independente, mas com certeza terá lapsos de memória. Na demência moderada, o nível de cuidados cresce. É quando os idosos confundem as palavras, ficam frustrados ou zangados com facilidade, agem de maneiras inesperadas e não conseguem mais cumprir as tarefas do dia a dia. Essa é a etapa geralmente mais longa, podendo durar vários anos.

A fase final da demência é a mais sacrificante, quando a pessoa perde a capacidade de interagir ou conversar. Ela perde o conhecimento de seu ambiente e das experiências recentes e passa a necessitar de cuidados por todo o tempo. Pode ainda perder a capacidade de andar, além de se tornar agressiva e se comportar de maneiras inadequadas.

Ainda não existe um exame específico para diagnosticar demências. O que os médicos fazem é utilizar vários exames para determinar se os sintomas se encaixam em certos critérios, excluindo outras causas possíveis para os prognósticos que a pessoa idosa apresenta.

Um teste bastante conhecido é o CDR (*Clinical Dementia Rating*), criado em 1977 na Universidade de Washington, nos Estados Unidos. Trata-se de uma escala de avaliação clínica da demência, composta de um questionário simples. Embora a interpretação do teste seja função de especialistas, conhecer seus critérios pode ajudar as famílias a perceberem o momento de procurar orientação médica. Conheça os critérios do teste ao final deste capítulo.

AGRESSIVIDADE

Outro comportamento que costuma assustar em pessoas de idade é a agressividade, que em geral decorre de demências e certas doenças, como o câncer cerebral. Há casos em que idosos agressivos demonstram uma força física surpreendente, o que pode ser perigoso para quem cuida deles ou é de seu convívio. O próprio processo de envelhecimento pode suscitar raiva e agressividade em doentes idosos e, com frequência, é resultado de angústia física e/ou mental.

Em idosos com demência, o comportamento agressivo decorre da deterioração das células do cérebro e, se eles não conseguem comunicar o que estão sentindo – seja medo, dor ou desconforto –, a situação tende a piorar. Acessos de raiva também podem acontecer por efeitos secundários da medicação, ruídos altos, desordem ou até mesmo falta de sono.

Não é fácil interagir com um idoso que se mostra violento tanto verbal como fisicamente. No entanto, é fundamental lembrar que se trata de um comportamento involuntário, que faz a pessoa de idade agredir de modo inconsciente. E é preciso muito cuidado, pois abusos físicos ou psicológicos costumam acontecer quando o cuidador, sobretudo o familiar, não leva em conta que a agressão não é pessoal.

É muito importante tentar identificar a causa do comportamento agressivo para eliminá-la. Trata-se de um trabalho delicado, pois o idoso muitas vezes não é capaz de compreender ou reconhecer o que o está incomodando. Em função do declínio cognitivo, ele pode se mostrar confuso e exigir voltar para casa, mesmo quando já está lá. Em situações assim, de nada adianta argumentar nem chamar a atenção para sua confusão mental. O melhor é disfarçar e distraí-lo, sempre falando baixo e com muita calma. Outra agressão comum é aquela em que a pessoa idosa começa a acusar alguém, normalmente um cuidador, de roubo ou maus-tratos.

Um bom conselho é observar a rotina das pessoas de idade, já que o cansaço também pode provocar um surto de raiva, em especial quando há demência. Para elas, as tarefas cotidianas se tornaram difíceis, e é natural que se sintam frustradas quando não conseguem executá-las. É importante que o indivíduo idoso com demência passe os dias dentro de uma rotina que não desafie suas condições físicas e mentais, garantindo-lhe a autonomia possível.

Uma vez identificado o que provoca a agressividade por parte do idoso, portanto, deve-se tratar o problema, mas sem esquecer que esse tipo de comportamento agressivo geralmente é inconsciente. É um grande desafio para os cuidadores, sem dúvidas, mas toda pessoa de idade merece ser tratada com paciência e respeito à sua dignidade.

VIOLÊNCIA

Um dos aspectos mais tristes do envelhecimento é, sem dúvida, a questão da violência. Infelizmente, tornaram-se comuns os casos de violência contra idosos que são noticiados em nosso país. No entanto, não se trata de um problema no Brasil apenas – a violência contra idosos é uma realidade em todo o mundo.

Segundo a Organização Mundial da Saúde (OMS), a violência contra o idoso é definida como "um ato único ou repetido, ou falta de ação apropriada, ocorrendo em qualquer relacionamento onde exista uma expectativa de confiança, que cause danos ou sofrimento a uma pessoa idosa".[10] Segundo a mesma organização,

[10] 15 DE JUNHO: Dia Mundial de Conscientização da Violência Contra a Pessoa Idosa. **Santa Casa São Carlos**, 15 jun. 2021. Disponível em: www.santacasasaocarlos.com.br/ Noticias/Detalhes/15_de_junho__dia_mundial_de_conscientizacao_da_violencia_contra_a_ pessoa_idosa. Acesso em: 22 out. 2024.

um em cada seis idosos no mundo está submetido a algum tipo de violência, sendo as mulheres as maiores vítimas.[11] Pessoas de idade estão entre os grupos mais vulneráveis da sociedade, ao lado de crianças e adolescentes, mulheres, pessoas LGBTQIAP+, pessoas em situação de rua, pessoas com deficiência e indivíduos em situação de vulnerabilidade e risco social.

Segundo a Ouvidoria Nacional de Direitos Humanos (ONDH), apenas nos três primeiros meses de 2024 foram registradas 42.995 denúncias de violações contra pessoas de 60 anos ou mais. No mesmo período do ano anterior, houve 33.546 registros, e 19.764 em 2022. Entre os abusos mais comuns de 2024 estão a negligência (17,51%), exposição de risco à saúde (14,68%), tortura psicológica (12,89%), maus-tratos (12,20%) e violência patrimonial (5,72%).[12]

O crescimento dos casos de violência faz com que se torne urgente abordar o problema, até porque muitos deles acontecem dentro da própria família. Segundo pesquisas, as causas mais comuns de violência a pessoas idosas são exaustão e falta de preparo do cuidador, desconhecimento da lei e condições socioeconômicas precárias. Na maior parte dos casos, os idosos não denunciam os maus-tratos que sofrem.[13]

Pesquisadores do tema dividem os atos de violência contra as pessoas de idade em seis tipos: abusos físicos, abusos psicológicos,

[11] ONU. OMS alerta que 1 em cada 6 idosos sofre algum tipo de violência. **Nações Unidas,** 15 jun. 2017. Disponível em: https://news.un.org/pt/story/2017/06/1588511. Acesso em: 22 out. 2024.

[12] CARDOSO, R. Número de denúncias de violência contra idosos cresce em 2024. **Agência Brasil**, 18 abr. 2024. Disponível em: https://agenciaBrasil.ebc.com.br/direitos-humanos/noticia/2024-04/numero-de-denuncias-de-violencia-contra-idosos-cresce-em-2024.Acesso em: 22 out. 2024.

[13] *Ibid.*

abandonos, negligências, abusos financeiros e autonegligências.[14] Tais violências podem ser visíveis ou invisíveis, que não machucam o corpo, mas todas resultam em bastante sofrimento, muitas vezes levando os idosos a desistirem da própria vida. Por isso, **a violência contra pessoas de idade é crime previsto na Constituição Federal, no Estatuto da Pessoa Idosa e no Código Penal.**

Os abusos físicos normalmente acontecem dentro de casa. São sinais desse tipo de violência as fraturas ósseas e lesões sem explicação, como feridas, hematomas ou cicatrizes recentes. Armações de óculos quebradas também devem ser bem investigadas. O abuso psicológico ou emocional resulta no sofrimento mental da pessoa idosa e engloba todas as formas de menosprezo e discriminação. É um abuso bastante comum e pode acontecer em forma de palavras ou atos. Estudos médicos mostram que o abuso psicológico pode causar depressão e até mesmo suicídio.[15]

O abandono acontece quando um idoso é colocado em um asilo contra sua vontade, ou se é retirado do convívio dos familiares. Muitas vezes, é isolado em um quartinho dos fundos, sem que ninguém se importe com ele. A ausência de cuidados, medicamentos e alimentação aos que têm alguma forma de dependência física, econômica ou mental igualmente constitui abandono. Já as negligências, que também são formas de abandono, são cometidas pelos serviços de saúde e pelas famílias e instituições que abrigam

---

[14] BRASIL. Secretaria de Direitos Humanos da Presidência da República. **Manual de enfrentamento à violência contra a pessoa idosa**. Brasília, DF: Secretaria de Direitos Humanos da Presidência da República, 2014. Disponível em: www.gov.br/mdh/pt-br/ centrais-de-conteudo/pessoa-idosa/manual-de-enfrentamento-a-violencia-contra-a-pessoa-idosa. Acesso em: 7 nov. 2024.

[15] RIO GRANDE DO SUL. Secretaria da Saúde. **Taxa de suicídio entre idosos cresce e prevenção é o melhor caminho**. Disponível em: https://saude.rs.gov.br/taxa-de-suicidio-entre-idosos-cresce-e-prevencao-e-o-melhor-caminho. Acesso em: 21 nov. 2024.

pessoas de idade. São elas a falta ou falha na administração de equipamentos e desleixo com as questões de higiene e na adequação da moradia às necessidades de um idoso.

Já os abusos financeiros são mais fáceis de identificar e podem acontecer associados a maus-tratos físicos e psicológicos. São situações em que pessoas se apropriam do dinheiro do idoso ou o induzem a pegar empréstimos. Podem acontecer no convívio com vizinhos, nas instituições financeiras e até mesmo por parte de algum familiar. Por não saberem lidar com as tecnologias bancárias, pessoas de idade muitas vezes delegam a terceiros a administração de seu dinheiro. Além disso, algumas são mais vulneráveis e acabam cedendo a apelos de gente mal-intencionada, que sabe que conseguirá favores financeiros se lhes der atenção.

Segundo dados do Disque 100, um serviço de denúncias da ouvidoria da Secretaria dos Direitos Humanos do Governo Federal, a violência financeira é a terceira maior entre as manifestações de violência cometidas no Brasil contra idosos.[16] A primeira é a psicológica e a segunda é a negligência, e todas elas podem estar interligadas.

Por fim, existe a autonegligência do idoso, que frequentemente acontece em função do abandono e de maus-tratos. São os casos de suicídio, mas também quando a pessoa de mais idade perde o gosto pela vida e passa a se desinteressar por tudo, inclusive por se alimentar ou comunicar.

Diante desse quadro tão triste, é preciso um grande esforço de toda a sociedade para acabar com a violência contra o idoso. Precisamos criar uma cultura em que o envelhecimento seja visto com

---

[16] TRABALHO 60 Mais. **Violência financeira contra idosos: o que você precisa saber para se precaver**. Disponível em: https://trabalho60mais.com.br/violencia-financeira-contra-idosos-o-que-voce-precisa-saber-para-se-precaver. Acesso em: 22 out. 2024.

respeito e em que a dignidade da pessoa de idade seja um direito. Pessoas mais velhas têm muito a nos ensinar, e deve-se dar a elas a oportunidade de viver essa fase da vida com plenitude.

Dentro das famílias, todos devem se conscientizar da importância de respeitar os idosos, não importa sua condição. E para quem precisa delegar os cuidados de seu ente querido mais velho a profissionais da área, é importante selecioná-los muito bem. Afinal, os serviços e profissionais de saúde para o idoso são peças fundamentais no enfrentamento da violência, ajudando a preveni-la e denunciá-la.

CUIDADO COM OS GOLPES

Estelionatários identificaram há muito tempo as pessoas idosas como as mais vulneráveis aos golpes financeiros, especialmente via internet, pois elas não conhecem tão bem os riscos tecnológicos. Segundo a Ouvidoria Nacional de Direitos Humanos, denúncias desse tipo de golpe contra idosos são muito frequentes, sendo as mulheres as maiores vítimas. Quase 80% dos casos são denunciados por terceiros, e não pela própria vítima.[17]

Golpes pela internet são considerados um tipo de violência patrimonial contra o idoso. Os golpistas geralmente se passam por familiares pedindo dinheiro em função de emergências bancárias ou mesmo sequestros. Por isso, a recomendação é comunicar à pessoa de idade a ocorrência dos diferentes tipos de golpe financeiro e demonstrar como é fácil um golpista se passar por um amigo ou parente próximo. Os idosos também precisam saber que não podem informar senhas bancárias pelo celular.

---

[17] PESSOA, C. **Golpes pela internet aumentam contra população idosa**. Agência Brasil, 15 jun. 2024. Disponível em: https://agenciaBrasil.ebc.com.br/radioagencia-nacional/direitos-humanos/audio/2024-06/golpes-pela-internet-aumentam-contra-populacao-idosa. Acesso em: 22 out. 2024.

A indústria dos golpes cresceu tanto que os familiares dos idosos também podem ser vítimas. Há certo tempo, uma família recebeu um telefonema de um golpista que se dizia funcionário do hospital onde um parente mais velho estava internado. O funcionário se identificou, falou corretamente sobre as condições da internação e anunciou que havia ocorrido um problema com o idoso que requeria um exame urgente, cujo pagamento o plano de saúde havia recusado. Assim, era preciso depositar com urgência, em uma suposta conta bancária do hospital, o valor do exame.[18]

Muitos familiares caíram no golpe, sem imaginar que naquele momento seu ente querido estava bem no hospital, sem necessidade de qualquer exame urgente. Por estarem vivendo um período de fragilidade, as pessoas ficam mais suscetíveis a golpes – é por isso que se tornou ainda mais importante ter sempre alguém responsável pelo idoso acompanhando-o dentro do hospital.

DOMÍNIOS COGNITIVOS DA AVALIAÇÃO DA DEMÊNCIA

Existe uma crescente demanda por instrumentos padronizados para rastreio do diagnóstico de demência. Como mencionado anteriormente, o CDR permite uma avaliação global cognitiva e funcional do indivíduo em relação a uma possível demência e vem sendo submetido a adaptações ao longo dos anos. As seis áreas avaliadas por esse exame são: memória; orientação; julgamento e resolução de problemas; atividades comunitárias; lar e passatempos; e cuidado pessoal.

Os parâmetros de avaliação para cada área são os seguintes:

---

[18] Caso presenciado pela autora.

Memória

- **Saudável:** sem perda de memória ou apenas esquecimento discreto e inconsistente.
- **Demência questionável:** esquecimento leve e consistente; lembrança parcial de eventos; esquecimento "benigno".
- **Demência leve:** perda de memória moderada, mais acentuada para fatos recentes; o déficit interfere nas atividades do dia a dia.
- **Demência moderada:** perda de memória grave, em que apenas material muito aprendido é retido; materiais novos logo são perdidos.
- **Demência grave:** perda de memória grave, apenas fragmentos permanecem.

Orientação

- **Saudável:** plenamente orientado.
- **Demência questionável:** plenamente orientado.
- **Demência leve:** dificuldade moderada com as relações do tempo; orientação no espaço, no exame, mas pode ter desorientação geográfica em outros locais.
- **Demência moderada:** em geral, desorientado.
- **Demência grave:** orientação pessoal, apenas.

Julgamento e solução de problemas

- **Saudável:** resolve bem problemas do dia a dia; juízo crítico é bom em relação ao desempenho passado.
- **Demência questionável:** leve comprometimento na solução de problemas, semelhanças e diferenças.

- **Demência leve:** dificuldade moderada na solução de problemas, semelhanças e diferenças; em geral, julgamento social mantido.
- **Demência moderada:** gravemente comprometido para solução de problemas, semelhanças e diferenças; juízo social na maior parte das vezes comprometido.
- **Demência grave:** incapaz de resolver problemas ou de ter qualquer juízo crítico.

Assuntos da comunidade

- **Saudável:** função independente nas atividades de trabalho, compras, negócios, finanças e grupos sociais.
- **Demência questionável:** leve dificuldade nessas atividades.
- **Demência leve:** incapaz de funcionar independentemente nas atividades, embora ainda possa desempenhar algumas; pode parecer normal na avaliação inicial.
- **Demência moderada:** sem possibilidade de desempenho fora de casa; parece suficientemente bem para ser levado a atividades externas.
- **Demência grave:** sem possibilidade de desempenho fora de casa; parece muito doente para ser levado às atividades externas.

Lar e passatempos

- **Saudável:** vida em casa, passatempos e interesses intelectuais mantidos.
- **Demência questionável:** vida em casa, passatempos e interesses intelectuais levemente afetados.

- **Demência leve:** comprometimento leve, mas evidente em casa; abandono de tarefas mais difíceis; passatempos e interesses mais complicados.
- **Demência moderada:** só realiza tarefas mais simples. Interesses muito limitados e pouco mantidos.
- **Demência grave:** sem qualquer atividade significativa em casa.

Cuidados pessoais

- **Saudável:** plenamente capaz.
- **Demência questionável:** plenamente capaz.
- **Demência leve:** necessita de assistência ocasional.
- **Demência moderada:** carece de amparo no vestir e na higiene.
- **Demência grave:** requer muito auxílio nos cuidados pessoais; em geral, incontinente.

03
As principais enfermidades

Dona Edith contratou um cuidador para o marido, que já estava com a mobilidade comprometida em função da doença de Parkinson. O cuidador saía com o marido dela todas as manhãs, auxiliava-o no banho e no almoço. Após um mês, porém, ela decidiu que ter um homem dentro de casa estava tirando sua liberdade, e resolveu trocar o cuidador por uma cuidadora. Mas a troca não foi bem recebida por seu marido. Embora não reclamasse, dona Edith percebeu que ele sentia falta das conversas que tinha com o antigo cuidador sobre futebol e política, e não ter mais a companhia do rapaz o deixava triste. Percebendo isso, dona Edith decidiu chamar o cuidador de volta. O bem-estar do marido era mais importante do que sua liberdade dentro de casa.

Ainda que a pessoa idosa seja assistida por um profissional de cuidados, é muito importante que os familiares conheçam bem as doenças que afetam a saúde. Especialmente, como já vimos, quando o assunto é a demência, é preciso que família e cuidadores saibam identificar os sintomas, para que não confundam deficiências cognitivas com birras. Também é muito importante entender comportamentos que costumam assustar as famílias – como agressividade, apatia, exacerbação sexual e outros sintomas.

Quanto mais informação sobre a saúde do idoso, mais fácil será lidar com ele e enxergá-lo como um ser humano digno de respeito e carinho. E no caso de haver um profissional de cuidados na casa, melhor será a relação entre ele e a família, pois haverá mais concordância e colaboração para que os cuidados com quem tem idade sejam realizados da melhor forma.

ALZHEIMER

Como já vimos, o Alzheimer é a mais comum entre as demências atribuídas ao envelhecimento, embora nem todas as suas vítimas sejam pessoas idosas. Trata-se de uma doença neurodegenerativa incurável que se agrava com o passar do tempo e que provoca o declínio das funções cognitivas em razão da morte das células cerebrais, afetando, sobretudo, a memória, orientação, atenção e linguagem. Estima-se que existam aproximadamente 35,6 milhões de pessoas no mundo com a enfermidade. No Brasil, há por volta de 1,2 milhão de casos, mas a maior parte deles sem diagnóstico.[19]

As mulheres parecem ter risco maior para o desenvolvimento da doença, mas é possível que isso aconteça pelo fato de elas viverem mais do que os homens. É muito comum que os sintomas iniciais do Alzheimer sejam confundidos com o processo natural de envelhecimento, o que tende a adiar a busca por orientação profissional, o que é uma pena. Quando diagnosticado no início, é possível tratá-lo e retardar seu avanço.

Não é fácil cuidar de uma pessoa com Alzheimer, pois a doença exige muito em termos físicos e emocionais do cuidador. As mudanças na vida de quem a tem são muito significativas e é preciso compreensão e paciência para que sejam compreendidas e incorporadas na rotina familiar.

Como em todas as demências, a evolução do Alzheimer se dá em três fases. Na etapa inicial, quando o paciente ainda tem certa autonomia, ele pode ser acompanhado à distância. No estágio moderado, a necessidade de monitoramento aumenta, pois já se estabelece um quadro de incapacitação e há maior exposição a riscos. Na fase avançada, os desafios aumentam e os cuidados precisam ser constantes.

O paciente de Alzheimer pode apresentar muitos sintomas, como perda de memória recente com repetição das mesmas perguntas, esquecimento de compromissos ou do lugar onde guarda seus

---

[19] CUIDAMOS JUNTOS. **Alzheimer**. Disponível em: www.cuidamosjuntos.com.br/saude/saude-mental/alzheimer. Acesso em: 23 out. 2024.

pertences, dificuldade para cuidar do próprio dinheiro e para se orientar no tempo e no espaço. Ele deixa de reconhecer as pessoas que o cercam, comete erros ao falar e ao escrever, deixa de compreender o significado das palavras.

Nos estágios finais da doença, um idoso com Alzheimer poderá necessitar de diversos profissionais de saúde. Além do neurologista, que orienta e prescreva sua medicação, podem ser necessários ao tratamento um nutricionista; um fonoaudiólogo para manutenção da fala, ingestão e deglutição dos alimentos; um fisioterapeuta; um educador físico; e terapeuta ocupacional para mantê-lo em atividades criativas durante o dia.

É importante salientar que nem todos os pacientes passarão pelas três fases da doença. Em alguns, a progressão pode não ocorrer e a pessoa se mantém com os sintomas da primeira fase até o fim da vida. Em outros, a progressão pode ocorrer de maneira muito rápida, deixando debilitado em pouco tempo quem é acometido por essa enfermidade. Infelizmente ainda não há um único fator determinante que possa justificar a diferença de evolução em diferentes pacientes.

As alterações no comportamento da pessoa com Alzheimer em estágio avançado podem ser perturbadoras. Sem razão explicável, ela pode se tornar apática, desinteressada ou desinibida, e até mesmo agressiva. Algumas entram em delírio, acham que estão sendo roubadas ou perseguidas. Alucinações visuais ou auditivas podem ocorrer, assim como alterações no apetite. Agitação noturna ou insônia, com troca do dia pela noite, também são comuns.

Quem tem Alzheimer precisa de compreensão e amor à sua volta, assim como um ambiente adequado. Ele deve ser claro, organizado e tranquilo. No trato diário, é importante falar sempre com voz amena e evitar discussões e insistências que o idoso não tem capacidade de assimilar em função da doença. Em termos de segurança, é importante ter alguém sempre próximo ao paciente para identificar riscos a que ele pode estar exposto.

Estudos demonstram que atividades de estimulação cognitiva, social e física beneficiam a manutenção de habilidades preservadas e favorecem a funcionalidade de idosos com Alzheimer. No entanto, é importante que eles sejam submetidos a atividades que lhes proporcionem prazer e que consigam realizar. A orientação de profissionais é importante para monitorar a resposta dos pacientes às diferentes atividades, para que as pessoas de idade não sejam sobrecarregadas e criem resistência ao estímulo.

Quando corretamente estimulados por meio de atividades que conseguem realizar, os pacientes ganham em autoestima e tendem a otimizar o uso das funções ainda preservadas. No entanto, deve-se ter em mente que o objetivo dessas atividades não é recuperar as funções que o paciente possuía, e, sim, fazer com que ele funcione o melhor possível a partir dos novos parâmetros de seu estado de saúde.

É importante cuidar para que o idoso com demência tenha a maior autonomia possível, por isso é preciso ter persistência para encontrar as estratégias certas para cada problema. E, quando isso acontece, a estratégia em geral funcionará por um bom tempo, sem necessidade de mudanças. São várias as intervenções de reabilitação cognitiva possíveis, de acordo com cada estágio da doença: treinamentos de memória e atividades instrumentais da vida cotidiana; estimulação cognitiva e de memória (palavras cruzadas, resgates de fotos, atividades com nomes de pessoas importantes ao idoso); oficinas motoras (trabalhos manuais); tarefas de mobilidade e coordenação (música, dança, expressão corporal); culinária (receitas com memória afetiva); criação de diários junto com o idoso; socialização etc.

Conselhos úteis

- Não se mostre irritado ou impaciente com o idoso, pois isso causa conflitos e favorece o distanciamento. Se não estiver em um bom dia, peça que outra pessoa assuma os cuidados com ele.
- Quando se ignora a fala, os desejos e as atitudes do idoso com Alzheimer porque ele logo os esquecerá, isso favorece sua passividade, o que pode provocar agressividade.
- Não peça ao paciente que faça mais do que é capaz. A insistência é prejudicial, pois pode levá-lo à sensação de fracasso, o que afeta a autoestima.
- Cuidado para não ser permissivo em excesso; é preciso dosar o que é permitido ou não. Algumas escolhas, como o que comer ou quando tomar banho ou dormir, expõem o idoso a decisões que muitas vezes não são compatíveis com sua capacidade, além de atrapalharem sua rotina.

DOENÇA DE PARKINSON

Trata-se de uma patologia neurodegenerativa bastante frequente. De acordo com a Organização Mundial da Saúde, por volta de 4 milhões de pessoas (aproximadamente 1% da população mundial a partir dos 65 anos) são afetadas pela doença. Suas principais características são os tremores involuntários, instabilidade postural, rigidez nas articulações e lentidão nos movimentos. Segundo estatísticas, a doença surge a partir dos 55 a 60 anos na maior parte dos pacientes, mas sua prevalência aumenta a partir dos 70 a 75 anos.[20]

A clínica da doença é centrada nos tremores musculares, que geralmente se iniciam em uma das mãos, em seguida na perna do mesmo lado e depois nos demais membros. Tais sintomas são mais perceptíveis quando os membros do paciente estão em descanso e ao segurar objetos ou, ainda, nos momentos de estresse. Também é característico da doença a dificuldade em iniciar e parar a marcha e mudar a direção, o que acontece em pequenos passos.

Na verdade, a doença de Parkinson se caracteriza não apenas pelas questões motoras; também são sintomas a inexpressividade facial, redução do volume da voz, dificuldade para engolir, diminuição no tamanho da letra, constipação intestinal, tontura, incontinência urinária, disfunção erétil, redução do olfato/paladar, depressão, alterações cognitivas, distúrbios do sono e outros. Por isso, a doença requer assistência multidisciplinar.

Ainda não existe um teste para diagnóstico do Parkinson, e este é feito por meio de avaliação clínica. Alguns exames também são utilizados para excluir a possibilidade de outras doenças com sintomas semelhantes. Como cerca de 80% dos pacientes apresentam primeiro o tremor nas mãos, e esses podem ser diagnosticados precocemente, os que não apresentam os tremores típicos da doença podem levar muito tempo para serem diagnosticados.[21] No entanto, algumas

[20] BRASIL. Ministério da Saúde. 11/04 — **Dia Mundial de Conscientização da Doença de Parkinson: avançar, melhorar, educar, colaborar!** Biblioteca Virtual em Saúde. Disponível em: https://bvsms.saude.gov.br/11-4-dia-mundial-de-conscientizacao-da-doenca-de-parkinson-avancar-melhorar-educar-colaborar. Acesso em: 23 out. 2024.

[21] JORNAL da USP no Ar. **Portadores de doença de Parkinson podem apresentar boa qualidade de vida.** 1. ed., 11 abr. 2023. Disponível em: https://jornal.usp.br/atualidades/portadores-de-doenca-de-parkinson-podem-apresentar-boa-qualidade-de-vida. Acesso em: 7 nov. 2024.

vezes outros sintomas muito anteriores aos tremores podem ajudar a fechar o diagnóstico, como a depressão.

O principal problema que envolve o Parkinson é a perda de neurônios na região do cérebro conhecida como substância negra. Esses neurônios são os que produzem a dopamina, um neurotransmissor importantíssimo que, entre outras funções, controla os movimentos. Por isso, um dos tratamentos medicamentosos da doença se baseia na reposição de dopamina, com drogas que visam evitar a diminuição progressiva desse neurotransmissor.

Outro medicamento que tem apresentado efeito positivo na diminuição de tremores, assim como em casos de epilepsia, é o canabidiol. No entanto, todos os medicamentos precisam ser avaliados e prescritos pelo médico que acompanha a evolução do paciente, pois algumas drogas podem causar efeitos colaterais graves, incluindo alucinações, náuseas, vômitos, diarreia e delírios.

Além de ser incurável, em muitos casos a doença de Parkinson pode levar à incapacidade motora grave. No entanto, com a informação que se tem hoje sobre a doença, e a evolução dos medicamentos, muitos pacientes conseguem manter a qualidade de vida em bons níveis. Mas não é apenas o tratamento medicamentoso que conta no Parkinson. O paciente precisa fazer atividades físicas regulares; terapia ocupacional (para preservar a capacidade de realizar as tarefas da vida diária); tratamentos fonoaudiológicos; e fisioterapia. Também é importantíssimo manter a atividade intelectual com leituras construtivas e participar do que acontece no mundo.

Para pacientes que não apresentam melhoras dos sintomas com o uso de medicamentos, pode ser uma alternativa válida a intervenção cirúrgica, mas apenas os médicos podem indicá-la. A cirurgia consiste na implantação de dois marca-passos na região do tálamo, no cérebro do paciente, que vão atuar na estimulação do local, diminuindo os tremores e a dificuldade de locomoção. No entanto, é imprescindível analisar o risco de uma cirurgia desse porte em um paciente idoso *versus* a probabilidade relativamente baixa de melhora dos sintomas.

O cuidador da pessoa acometida por Parkinson precisa estar sempre atento aos riscos físicos que a mobilidade restrita pode causar. Muitas vezes, a demanda de força para lidar com esse enfermo será importante, uma vez que sua consciência corporal é comprometida e ele "não ajuda" na mobilidade. Assim como em pacientes com Alzheimer, a estimulação multidisciplinar é essencial.

HIPERTENSÃO

Embora muito frequente, a hipertensão, ou pressão alta, é uma doença perigosa, especialmente porque não apresenta sintomas. É comum que seja descoberta por acaso, quando se vai ao médico por algum outro motivo. Além disso, a hipertensão pode surgir em qualquer pessoa, até mesmo em crianças. No entanto, é certo que sua dominância é maior com a idade. Estima-se que 50% dos homens e mulheres acima dos 50 anos convivem com a hipertensão, e a prevalência só aumenta com o passar dos anos.[22]

A hipertensão arterial é o principal fator de risco para o acidente vascular cerebral (AVC), o que é gravíssimo. Para entender bem como ocorre a doença, é preciso saber o que é a pressão arterial, isto é, a força com que o sangue circula em nossas artérias, que são os

---

[22] SE VOCÊ tem pressão alta... **Pfizer**. Disponível em: www.pfizer.com.br/sua-saude/coracao/hipertensao-arterial/se-voce-tem-pressao-alta#:~:text=Mas%20estima%2Dse%20que%2050,%C3%A9%20superior%20na%20popula%C3%A7%C3%A3o%20feminina. Acesso em: 23 out. 2024.

vasos sanguíneos que saem do coração e alimentam nossos órgãos com oxigênio e demais nutrientes.

O coração bombeia o sangue para as artérias do corpo, alternando em contração e relaxamento. A pressão sistólica é obtida quando o coração se contrai e a diastólica, quando ele relaxa – as quais, dentro dos padrões da normalidade, devem ser de 120 por 80, respectivamente. Quando a pressão sistólica do indivíduo for maior que 140 e a diastólica maior que 90, ele é considerado hipertenso. No entanto, a pressão arterial não é constante e pode variar por fatores como postura, estresse e atividades físicas realizadas. Por isso, só o médico deve determinar o valor individual da pressão de cada paciente.

Quem tem pressão alta apresenta níveis elevados de pressão arterial, o que pode causar lesões nas artérias em razão de depósitos de substâncias, como o cálcio, que vão aderindo nas paredes arteriais e causando resistência à passagem do sangue – estopim de prejuízos lentos e progressivos em todo o organismo.

Devido ao processo normal de envelhecimento, as pessoas idosas são mais sensíveis à elevação da pressão, mas o problema também pode surgir por outras questões. Uma delas são doenças nos rins, os quais, ao receberem menos sangue, passam a liberar substâncias que acabam por reter mais sal e água, elevando a pressão arterial. É o início de um círculo vicioso em que a alta pressão nas artérias vai prejudicar não apenas os rins, mas o coração e, principalmente, o cérebro. Problemas hormonais, como doenças da tireoide, apneia do sono e até mesmo uso de medicações também são causas de hipertensão.

No coração, a obstrução das artérias coronárias pode provocar angina e, em casos mais graves, infarto do miocárdio, o músculo responsável por seu funcionamento adequado, o que pode levar à morte súbita. Além disso, a pressão alta sobrecarrega o coração, o que causa fadiga e falência, conhecida como insuficiência cardíaca. Já no cérebro, a hipertensão aumenta o risco de derrames, que geram falta de oxigenação ou sangramento, e frequentemente têm consequências graves ou até podem ocasionar a morte.

Também são comuns, nos casos de hipertensão, as perdas cognitivas, como redução da memória, raciocínio e capacidade de realizar tarefas ou atividades comuns. Nos olhos, pode acontecer o comprometimento dos vasos da retina, com risco de perda da visão. Nas artérias periféricas, como as das pernas, as obstruções nos vasos dificultam o caminhar e causam dores.

Quando o idoso está com a pressão controlada, ele pode ir ao médico de seis em seis meses, mas, se descontrolada, é aconselhável a visita uma vez por mês. Na consulta, é importante relatar todos os medicamentos que está tomando, pois alguns podem interferir nesse controle de pressão.

Há pessoas de idade que apresentam pressão alta durante a consulta devido à ansiedade, condição conhecida como "hipertensão do jaleco branco". É algo que merece atenção para evitar ajustes desnecessários de medicação. Muitas vezes a solução é aferir a pressão em ambientes diferentes do consultório médico.

Hoje existem diversos aparelhos que permitem medir a pressão em casa, mas é preciso ter certos cuidados. Se é fácil verificar quando aparelhos manuais estão desregulados, o mesmo não acontece com os eletrônicos, pois há casos em que eles podem indicar números irreais, o que levará a medicar o idoso desnecessariamente, com riscos para a saúde.

Se o paciente é hipertenso e precisa medir a pressão com frequência, o ideal é que tenha em casa um aparelho manual. No entanto, se a opção recair para a compra de um eletrônico, é muito importante obter do vendedor a informação de onde ele pode ser calibrado, para que indique sempre a pressão correta.

Assim como acontece com outras doenças, idosos com hipertensão devem adotar um estilo de vida saudável, e é importante que tanto os cuidadores quanto as famílias os incentivem a isso. Aqui vão alguns conselhos úteis para manter a pressão em bons níveis:

- Usar regularmente os medicamentos prescritos pelo médico;
- Sempre que possível, entre as consultas, medir a pressão em casa ou em postos de saúde, anotando em um caderno o valor e a data, pois essas informações são muito importantes para a próxima avaliação do médico;
- Seguir um programa alimentar apropriado para manter um peso saudável;
- Realizar atividades físicas com regularidade;
- Ingerir alimentos com menos sódio (sal), reduzir o consumo de bebidas alcoólicas e não fumar.

PNEUMONIA

A pneumonia é um problema de saúde pública e a maior causa de morte por doenças infecciosas no mundo.[23] É uma infecção dos pulmões que atinge uma parte considerável da população – sobretudo as pessoas com 65 ou mais anos –, e é nela que há maior probabilidade de complicações. Os sintomas da doença variam, mas costumam incluir dor no peito ou nas costelas, fraqueza, tosse com catarro, desorientação e falta de ar. Febre alta também é um sintoma dessa

---

[23] MINISTÉRIO DA SAÚDE. **12/11 – Dia Mundial da Pneumonia**. Biblioteca Virtual em Saúde. Disponível em: https://bvsms.saude.gov.br/12-11-dia-mundial-da-pneumonia-2/#:~:text=A%20doen%C3%A7a%20%C3%A9%20a%20maior,outras%20doen%-C3%A7as%20importantes%20at%C3%A9%202030. Acesso em: 23 out. 2024.

enfermidade, porém é preciso lembrar que a maioria dos idosos não costuma ter febre, já que seu sistema imunológico é deficiente.

A pneumonia ataca os sacos aéreos nos pulmões, responsáveis pelo movimento do oxigênio dos pulmões para o sangue. Isso causa inflamações e até mesmo enchimento dos pulmões por líquido. A partir de então, acontecem os problemas respiratórios e o nível de oxigênio no sangue diminui.

Existem diferentes tipos de pneumonia, provocados por diferentes vírus, bactérias ou fungos, mas algumas alergias também podem causar o problema. A doença pode surgir ainda quando a pessoa aspira corpos estranhos, geralmente em seu processo de deglutição. Por isso, os idosos devem se alimentar sempre sentados. Ao ingerirem alimentos deitados, há o risco de broncoaspiração, quando um pedaço da comida vai para o pulmão, causando pneumonia. O mesmo cuidado deve ser tido com a sonda gástrica, pois se a dieta corre muito rápido, pode ocorrer refluxo – e, se o alimento volta, pode ir para o pulmão.

A gravidade da pneumonia pode aumentar em qualquer idade, em função de diversos fatores, mas é certo que, nos idosos, o perigo é bem maior. Enfermidades preexistentes neles, como doenças cardíacas, diabetes e outras, também podem contribuir para o surgimento e agravamento do quadro.

O diagnóstico da pneumonia se dá por meio do exame clínico, auscultação dos pulmões e radiografias de tórax. No caso das pessoas de idade, pode haver necessidade de internação hospitalar quando há comprometimento da função dos rins e da pressão arterial e dificuldade respiratória. Uma questão preocupante é quando a pneumonia é adquirida dentro de um hospital, pois trata-se de uma pessoa já debilitada. Além disso, essas infecções acontecem por bactérias, o que torna o tratamento mais complicado, já que para estas não há drogas como os antibióticos.

Um problema relacionado à pneumonia em idosos é que a doença é facilmente confundida com uma gripe ou com efeitos normais do envelhecimento, o que pode atrasar o diagnóstico. Por isso, surgindo sintomas, deve-se procurar um médico com rapidez, já que a doença em pessoas acima de 65 anos pode adquirir formas agressivas da enfermidade. É importante observar, ainda, que alguns idosos não conseguem tossir de modo efetivo, o que é ruim, pois a tosse ajuda a eliminar os germes que causam a doença.

Pessoas com pneumonia devem repousar bastante em ambientes em que não haja umidade, alimentar-se bem e ingerir líquidos em boa quantidade, assim como tomar os medicamentos prescritos pelo médico. Também é importante acompanhar os sinais vitais do idoso. Caso se opte pela internação, ele pode precisar de oxigenoterapia para receber oxigênio suficiente. A recuperação da doença em pessoas de idade é lenta, e é preciso estar atento para uma recidiva.

Alguns cuidados devem ser tomados para prevenir a pneumonia nos idosos, e tanto eles quanto seus cuidadores podem ajudar nisso. Algumas medidas são bem simples, como manter a casa limpa, sem poeira, mofo ou bolor. As mãos devem estar sempre bem lavadas, tanto as da pessoa de idade como as de quem cuida dela. Também deve-se ter atenção à saúde bucal do idoso, para evitar infecções que podem causar a pneumonia.

Hábitos como o fumo e o consumo de álcool influenciam nesse processo. O fumo porque provoca reação inflamatória, o que facilita a penetração de agentes infecciosos no pulmão, e o álcool por interferir no sistema imunológico e na capacidade de defesa do aparelho respiratório. Um bom conselho para evitar a doença é praticar exercícios físicos e observar o calendário de vacinação contra a pneumonia pneumocócica.

É importante notar que muitos acreditam que temperaturas frias podem causar pneumonia, mas isso não é verdade, pois a doença necessita de um agente externo, como uma bactéria ou um vírus, para se estabelecer. Essa crença surgiu porque as pessoas ficam mais tempo em lugares fechados no frio, facilitando a transmissão de microrganismos de um indivíduo para outro.

Aparelhos de ar-condicionado também causam confusão e há a crença de que quem tem pneumonia não pode usá-los. Na verdade, esses aparelhos não são proibidos, desde que sejam limpos regularmente e que se usem ao mesmo tempo umidificadores de ar, para evitar que o ambiente fique com ar seco.

DIABETES

Em linhas gerais, o diabetes é uma condição em que há redução ou deficiência na produção do hormônio insulina pelo pâncreas ou quando existe uma resistência à ação desse hormônio, provocando excesso de açúcar no sangue. O tipo de diabetes mais comum em pessoas idosas é o tipo 2, que tem entre suas causas o avanço da idade, fatores hereditários, obesidade, sedentarismo e consumo excessivo de carboidratos.[24]

Os sintomas do diabetes tipo 2 são diversos e nem sempre se apresentam ao mesmo tempo. O paciente pode ter alterações como aumento do volume urinário, muita fome ou sede, visão turva, formigamento nos pés, cansaço, dificuldade de cicatrização

[24] BRUTSAERT, E. F. **Diabetes mellitus (DM)**. Manual MSD. Disponível em: www.msd-manuals.com/pt/casa/dist%C3%BArbios-hormonais-e-metab%C3%B3licos/diabetes-mellitus-dm-e-dist%C3%BArbios-do-metabolismo-da-glicose-no-sangue/diabetes-mellitus-dm. Acesso em: 23 out. 2024.

e emagrecimento ou aumento de peso sem motivo aparente. É uma doença crônica que, se não tratada de modo adequado, pode atingir seriamente vários órgãos.

Tratar o diabetes não é fácil, pois exige uma mudança muito grande no estilo de vida, sacrifício que muitos idosos – e mesmo jovens! – não estão dispostos a fazer. É preciso praticar exercícios físicos, adotar uma alimentação balanceada e aferir os níveis de glicose com regularidade. São rotinas difíceis para pessoas de idade que nunca se exercitaram na vida e para aquelas que adoram carboidratos, o que é comum, já que o próprio envelhecimento provoca a perda do paladar.

Aferir o nível da glicose no sangue também não é agradável, mas é imprescindível para controlar o diabetes. Felizmente a tecnologia vem avançando e hoje existem formas bem menos penosas de fazer essa medição, como os sensores que podem ser fixados na pele e permitem medir o açúcar no sangue por meio do aparelho celular. Ainda assim, a doença exige privações, por isso todo o esforço deve ser feito pela família para que os idosos entendam a importância de aderir ao tratamento. As possíveis complicações do diabetes são terríveis, como cegueira, necrose e amputação de membros, falência dos rins, disfunções graves no sistema nervoso central e complicações cardíacas, entre outras.

O idoso diabético, quando comparado ao não diabético, está mais sujeito a apresentar depressão, problemas cognitivos, fraturas, incontinência urinária e dores crônicas. Além disso, ele usa três vezes mais medicamentos que diabéticos não idosos, o que requer muito cuidado. O uso incorreto de medicamentos pode causar danos, com destaque para a hipoglicemia, condição em que a glicose no sangue fica muito baixa. A hipoglicemia é um evento grave para alguém de idade em função de quedas e fraturas.

O idoso com diabetes deve ter tratamento individualizado com o endocrinologista, pois são muitos os desdobramentos da doença. Uma tontura, por exemplo, pode ser um sintoma de hipoglicemia, mas também pode acontecer em função de uma pressão baixa, o que também é perigoso, já que pessoas de idade com diabetes possuem risco cardiovascular aumentado, por isso devem manter bons níveis de pressão arterial e colesterol.

Também é muito importante fazer a avaliação oftalmológica regular, assim como a de sua função renal. Os pés são um ponto bastante sensível dos diabéticos. Quando eles perdem a sensibilidade, feridas simples podem se tornar infecções gravíssimas. O pé diabético é umas das complicações mais devastadoras da doença, sendo responsável por grande parte das amputações não traumáticas.

São muitas as dificuldades que levam as pessoas de idade ao sedentarismo, como problemas de visão, osteoporose e insegurança ao caminhar. No entanto, o exercício é um poderoso aliado do controle da glicose, por isso é importante que o idoso diabético conte com um profissional de educação física para orientá-lo quanto ao tipo de atividade física mais adequada para sua condição. Junto a isso, a alimentação equilibrada também é muito importante, e a orientação de um nutricionista especializado em diabetes é sempre bem-vinda.

DEPRESSÃO

Embora comum em idosos, a depressão não faz parte do processo natural de envelhecimento. Sabe-se que ela acomete mais as mulheres de maneira geral e, na velhice, os indivíduos que já tiveram depressão quando jovens. É comum também que aconteça na viuvez e em pessoas de idade que vivem em instituições. Na verdade, diversas situações da vida de alguém mais velho podem ser causa de depressão, como perda de entes queridos, solidão, limitações e problemas de saúde, mas o surgimento da doença depende também da predisposição de cada um.

Os sintomas da depressão são variados, porém incluem insônia, perda de apetite, problemas de memória, desmotivação e isolamento social. Há outros sintomas menos comuns e menos óbvios, como desinteresse, irritabilidade, pessimismo e sentimento de fracasso, quando a pessoa só consegue focar as experiências negativas da vida.

Um problema grave é quando aqueles que cercam o idoso não conhecem os sintomas da depressão e os confundem com preguiça ou desejo de chamar a atenção dos outros para si. Equívocos desse tipo podem levar a situações de violência emocional, e muitas vezes física, contra pessoas de idade. Por isso, é necessário cuidar da depressão corretamente e sempre se lembrar de que se trata de uma doença. É também por não encarar a depressão de maneira séria que muitas famílias acabam por levar seus idosos para lares que os recebam.

O tratamento da depressão é longo e pode durar toda a vida. Em geral, combina-se o atendimento psiquiátrico com o psicoterápico. Os cuidadores são muito importantes para o bem-estar de pessoas de idade com depressão, pois podem fornecer, além da companhia constante, apoio emocional. No entanto, o apoio da família é fundamental.

Conviver com idosos deprimidos é bem difícil, mas é preciso entender que o estado da pessoa não depende de sua vontade. É importante ter paciência, manter a calma e saber direcionar as conversas para temas não polêmicos. Confrontar indivíduos deprimidos é sempre pior. O importante é dar atenção e demonstrar compreensão. Na medida do possível, deve-se estimulá-los a interagir com as pessoas, sair de casa, estar em ambientes agradáveis.

Muitos idosos demoram a reconhecer que estão com depressão porque se envergonham da doença, já que existe um estigma sobre ela. Outros têm medo do julgamento alheio, pois há quem ache que depressão é "frescura". Por isso, é importante que a pessoa de idade saiba que o que ela tem pode ser tratado.

Um sintoma importante no indivíduo idoso que tem depressão são os pensamentos suicidas, por isso é importante estar com ele, conversar. Caso o pensamento seja revelado, deve-se procurar o médico com urgência, pois esse profissional poderá avaliar a necessidade de troca de medicação.

INCONTINÊNCIA URINÁRIA

A incontinência urinária – perda involuntária da urina pela uretra – é um problema de saúde que afeta de 30% a 60% das pessoas com mais de 60 anos, sendo mais comum nas mulheres.[25] Impacta profundamente a qualidade de vida, pois compromete a independência e dignidade do idoso. Se não tratada, gera sentimentos de baixa autoestima, ansiedade e até mesmo a depressão.

O sistema responsável pela eliminação da urina pode ser prejudicado por diversos fatores na terceira idade. Entre as razões mais comuns estão o enfraquecimento dos músculos da bexiga e maior frequência de urina em função da diminuição da capacidade da bexiga. Obesidade e sedentarismo também podem contribuir para o surgimento da incontinência urinária, assim como alguns medicamentos e doenças.

---

[25] UNIMED. **Viver bem: inicie seu movimento para uma vida equilibrada**. Disponível em: www.unimed.coop.br/viver-bem/saude-em-pauta/incontinencia-urinaria-entender-para-tratar#:~:text=Ap%C3%B3s%20os%2060%20anos%20de,podem%20apresentar%20perda%20de%20urina. Acesso em: 7 nov. 2024.

Cuidar de quem tem incontinência urinária pode ser bem difícil, porque o problema causa constrangimento. É importante jamais demonstrar impaciência ou raiva, já que isso pode deixar a pessoa não apenas constrangida, mas também deprimida e agitada. Existem exercícios para fortalecer os músculos pélvicos que ajudam no controle da bexiga, mas outras práticas podem ser adotadas para melhorar o quadro, como as seguintes:

- Programar as idas ao banheiro: comece com intervalos de uma hora e vá prolongando o tempo aos poucos.
- Eliminar da dieta alimentos e bebidas diuréticos que estimulam a bexiga, como chá preto, chá verde, café, álcool, frutas cítricas e alimentos picantes.
- Para idosos com pouco senso de localização, sinalizar a porta do banheiro com letras grandes ou a figura de um vaso sanitário.
- Ajustar, com orientação médica, os horários de ingestão de líquidos, diminuindo-os no período da noite.
- Procurar vestir a pessoa com roupas fáceis de abrir. O velcro em substituição ao zíper e aos botões é uma ótima ideia.
- Quando for necessário introduzir o uso da fralda geriátrica, faça isso com cuidado, evitando imposições e explicando com calma a sua necessidade. Observe atentamente os horários das trocas para prevenir assaduras e feridas. O ideal é utilizar água e sabonete em cada troca.
- No caso das mulheres, a atenção deve ser redobrada, pois o perigo de infecção urinária é maior. Deve-se limpar a região da vulva para o ânus, evitando assim levar fezes para o canal da uretra.

QUANTO MAIS INFORMAÇÃO SOBRE A SAÚDE DO IDOSO, MAIS FÁCIL SERÁ LIDAR COM ELE E ENXERGÁ-LO COMO UM SER HUMANO DIGNO DE RESPEITO E CARINHO.

O dever de cuidar
@rafael_schinoff_ceo
@roberta_bellumat

OSTEOPOROSE

A osteoporose acontece quando há uma redução da densidade dos ossos, tornando-os suscetíveis a fraturas. O envelhecimento está entre as causas da doença, mas ela é provocada ainda por deficiência de estrogênio, baixo nível de vitamina D ou de ingestão de cálcio, principalmente. A doença pode não apresentar sintomas até que ocorra uma fratura óssea. Quem tem osteoporose está sujeito a fraturas mesmo em pequenas quedas, o que pode causar dor e até deformidades.

Além da ingestão de cálcio e de vitamina D, a prática de exercícios de suporte de peso e da ingestão de bifosfonatos e alguns medicamentos podem prevenir e tratar a osteoporose, que é mais comum em mulheres em função da queda do estrogênio que ocorre na menopausa. A osteoporose afeta quase 20% das mulheres e quase 5% dos homens a partir de 50 anos.[26] São conhecidos alguns fatores de risco para a osteoporose, como familiares com a doença, alimentação pobre em cálcio e vitamina D, sedentarismo, tabagismo, consumo excessivo de álcool e baixo peso.

Como em outras doenças, prevenir a osteoporose é melhor do que tratá-la, já que é muito mais simples evitar a perda de densidade óssea do que restaurá-la. No entanto, quando a doença se instala, algumas medidas podem ajudar a prevenir fraturas, especialmente em pessoas idosas. É recomendável adaptar o ambiente para que ele fique mais seguro, e contratar um fisioterapeuta para desenvolver um programa de exercícios pode ajudar a prevenir quedas.

---

[26] BOLSTER, M. B. **Osteoporose**. Manual MSD. Disponível em: www.msdmanuals.com/pt/casa/dist%C3%BArbios-%C3%B3sseos-articulares-e-musculares/osteoporose/osteoporose. Acesso em: 23 out. 2024.

04

As emergências

Dona Delfina completou 90 anos morando sozinha, pois se recusava a viver com os filhos. Também não admitia que ninguém lhe fizesse companhia, nem mesmo à noite. Dizia que "não estava velha ainda" e que, quando precisasse de ajuda, pediria. Preocupada, a neta de dona Delfina solucionou o problema. Procurou a avó e pediu que ela recebesse em casa uma amiga que havia chegado do interior para estudar e trabalhar e precisava de um lugar para dormir. Dona Delfina primeiro não aceitou, mas sua neta conhecia bem suas fraquezas e disse que a amiga pagaria um bom dinheirinho pelo aluguel do quarto. Hoje, dona Delfina está muito contente com a companhia que tem em casa durante as noites e nem desconfia que a amiga da neta é, na verdade, uma acompanhante contratada pela família.

Emergências acontecem, todos sabemos. Mas acidentes com pessoas idosas são particularmente mais perigosos, pois elas estão mais suscetíveis a essas situações devido às dificuldades motoras e limitações próprias da idade. Uma simples queda, por exemplo, pode comprometer gravemente a qualidade de vida do idoso, provocando-lhe não apenas danos físicos, mas emocionais. Por isso, todo cuidado é pouco. Além de cuidar do ambiente, é preciso saber reconhecer alguns sinais de que indivíduos de idade precisam de socorro imediato. A seguir, explicaremos algumas emergências e seus principais sinais.

AVC

AVC, ou acidente vascular cerebral, é o interrompimento dos vasos sanguíneos do cérebro, o que impede que o sangue chegue como deveria até ele. O AVC pode ser isquêmico – o mais comum –, quando há uma obstrução dos vasos causada por um coágulo, ou hemorrágico, quando há hemorragia no cérebro em função da ruptura de um vaso. Ambos provocam paralisias de partes do corpo e, em casos extremos, levam à morte.

Os homens são as maiores vítimas do AVC e quanto mais rápido for o diagnóstico e seu tratamento, maiores serão as chances de recuperação do paciente. Por isso, é muito importante que pessoas que convivem com idosos saibam reconhecer a ocorrência de um AVC, pois a rapidez do socorro evita sequelas. Os sintomas são diversos e incluem: dor de cabeça repentina, dificuldade de falar, formigamento na face, alterações na visão, fraqueza, dormência nos braços e pernas, vertigem e confusão mental.

Algumas doenças aumentam a probabilidade de um AVC, como hipertensão, diabetes tipo 2, colesterol alto, sobrepeso, obesidade, tabagismo, uso de drogas ilícitas e ingestão excessiva de álcool, sedentarismo e idade avançada. Prevenir um AVC significa, portanto, combater os principais fatores de risco.

DELÍRIO

Também conhecido como confusão mental aguda, o delírio faz o indivíduo perder temporariamente o contato com a realidade. É mais comum em pessoas idosas em más condições de saúde e muitas vezes aponta uma alteração aguda como infarto, derrame ou infecção grave. Por isso, o delírio é uma emergência médica.

Identificar um estado de delírio não é simples, pois os sintomas podem flutuar. Além da desorganização do pensamento e da memória, podem ocorrer alucinações e pesadelos. O paciente fica com dificuldade de reconhecer onde está e não consegue dizer se é manhã ou noite, em que dia está. Pode passar o dia sonolento, mas não conseguir dormir ou acordar várias vezes durante a noite.

Idosos com diabetes, problemas cardíacos, câncer ou que utilizam vários medicamentos, especialmente aqueles que agem no sistema nervoso central, estão mais predispostos a delírios. Desnutrição, desidratação e deficiências da visão ou da audição também podem ser a causa dos delírios. E são inúmeras as condições que desencadeiam o problema, especialmente com a idade avançada.

O mais comum é que a pessoa em delírio fique agitada e reativa, apresentando raiva, medo, euforia, rubor facial, aceleração do coração e suor excessivo. Mas há formas de delírio em que o paciente fica hipoativo, ou seja, quieto. Essa última forma é menos notada e diagnosticada. Existem ainda delírios mistos, em que há uma alternância entre a agitação e a quietude.

O uso de medicamentos sedativos pode piorar o quadro dessa emergência, e é imprescindível buscar orientação médica imediatamente quando houver suspeita de alteração. No final, o mais indicado para evitar os delírios é tratar a doença do paciente de modo correto, por isso o acompanhamento regular do médico é tão importante. Confrontar alguém em delírio também é absolutamente contraindicado, pois pode piorar ainda mais seu estado de confusão mental.

DESIDRATAÇÃO

Essa emergência acontece quando a quantidade de água necessária para manter o corpo em atividade diminui e coloca em risco o correto funcionamento dos órgãos. É um problema grave e que pode levar à morte.

Os sinais de uma desidratação são variados, mas em geral a pessoa idosa desidratada vai apresentar fraqueza e indisposição, dor de cabeça, tonturas, falta de apetite, boca seca e diminuição do volume de urina, que torna-se amarelo-escura e com cheiro forte. O ritmo das respirações e do batimento cardíaco aumentam e a pressão arterial diminui. Algumas pessoas ainda podem sofrer de sonolência excessiva e confusão mental.

A desidratação se torna mais perigosa em indivíduos de idade já acamados, pois algumas doenças graves fazem com que o paciente perca a capacidade de identificar e comunicar o que sente. Por isso, é importante prestar atenção ao consumo de líquidos e ao uso de medicações que aumentam a eliminação de água pela urina. Temperaturas muito elevadas também podem provocar desidratação, até mesmo em jovens. Para os idosos, a ocorrência de diarreia também pode ser a raiz do problema.

QUEDA

Já abordamos essa emergência no primeiro capítulo do livro, mas um dos problemas mais sérios de uma queda em pessoas idosas é o risco de que elas reduzam sua mobilidade por medo de sofrerem outro acidente. Com isso, passam a ter mais problemas porque não se movimentam adequadamente. Existem fatores próprios do envelhecimento que facilitam as quedas, como diminuição de força dos músculos, desgaste das articulações, doença de Parkinson, diminuição da visão, efeitos adversos de medicações e outros. No entanto, existem também os riscos que podem ser evitados, como tapetes soltos, pouca luz, escadas, calçados impróprios etc.

É importante notar ainda que cerca de 40% das fraturas acontecem no ambiente doméstico, e são mais comuns em mulheres após a menopausa, devido à osteoporose, e em idosos.[27] Algumas fraturas nem chegam a ser percebidas ou são resolvidas espontaneamente, mas outras podem ser muito graves.

---

[27] ABCMED. **Fratura óssea: definição, causas, sinais e sintomas, tipos de fraturas, diagnóstico, tratamento e evolução**. 8 ago. 2013. Disponível em: www.abc.med.br/p/ortopedia-e-saude/370949/fratura-ossea-definicao-causas-sinais-e-sintomas-tipos-de-fraturas-diagnostico-tratamento-e-evolucao.htm. Acesso em: 23 out. 2024.

E o que fazer quando um idoso cai? Caso tenha sido uma queda leve, sem maior gravidade, deve-se ajudá-lo a se sentar ou deitar até que se recupere, evitando movimentá-lo. Caso demore a reagir ou não consiga se movimentar sozinho, o recomendado é chamar ajuda médica.

No caso de uma queda grave, não se deve mexer na pessoa, pois uma movimentação inadequada pode piorar a situação caso haja fratura na coluna e hemorragias internas. É preciso verificar se a pessoa está consciente, perguntando seu nome e o que aconteceu. Se o idoso não conseguir responder às perguntas, é mais um sinal de que é preciso chamar socorro.

ENGASGO

O engasgo é a obstrução das vias aéreas por alimentos, líquidos ou corpos estranhos, e é algo que deve ser evitado em pessoas de idade. Os sinais de engasgo são claros: tosse, agitação e dificuldade para respirar ou falar.

Na ânsia de ajudar, algumas pessoas tentam puxar o objeto do engasgo da garganta do idoso, mas isso pode agravar a situação, empurrando-o para dentro. Deixar a pessoa tossir com força é o melhor recurso para a eliminação do corpo estranho. A presença de tosse, choro ou fala é um sinal de que não houve asfixia (obstrução das vias respiratórias superiores).

Caso não se consiga retirar o corpo estranho ou haja asfixia, a conduta mais recomendada é a manobra de Heimlich, que deve ser feita com o idoso consciente, em pé ou sentado, da seguinte forma:

- Fique de pé, atrás, com seus braços ao redor da cintura do idoso.

TODO CUIDADO É POUCO. ALÉM DE CUIDAR DO AMBIENTE, É PRECISO SABER RECONHECER ALGUNS SINAIS DE QUE INDIVÍDUOS DE IDADE PRECISAM DE SOCORRO IMEDIATO.

O dever de cuidar
@rafael_schinoff_ceo
@roberta_bellumat

- Coloque sua mão fechada com o polegar para dentro, contra o abdome dele, ligeiramente acima do umbigo e abaixo do limite das costelas, e, com firmeza, agarre seu pulso com a outra mão.
- Exerça pressão contra o abdome rapidamente para trás e para cima.
- Repita até que o objeto seja expelido.

A prevenção é a melhor atitude para os casos de engasgo em pessoas de idade. O ideal é cortar os alimentos em pedaços pequenos, orientar o idoso a mastigar o alimento devagar, não rir e conversar enquanto estiver comendo, e evitar a ingestão excessiva de álcool. Também não se deve alimentar o idoso deitado ou quando ele estiver sonolento.

05

O universo de cuidados para idosos

Marília sempre teve um relacionamento muito próximo com a mãe e resolveu mudar-se para sua casa durante a pandemia do coronavírus. Ela também optou por deixar o emprego em função dos cuidados de que a mãe necessitava. Mas o que foi feito com a melhor das intenções acabou se transformando em um grande transtorno na vida de Marília, a ponto de ameaçar seu casamento. Embora lúcida, a mãe exigia sua presença o tempo todo e implicava com seu marido. Quando percebeu, Marília estava vivendo apenas para a mãe e se viu à beira de uma estafa. Dois anos depois, com o fim da pandemia, ela voltou para casa com o marido e sua filha e contratou uma cuidadora de idosos. Hoje, ela visita a mãe uma vez por semana.

Ainda estamos longe de contar com todos os cuidados de assistência que os idosos merecem, inclusive alguns previstos por lei, mas é certo que a oferta de profissionais de cuidados vem crescendo bastante e várias atividades e especialidades geriátricas estão surgindo nos últimos tempos para dar conta desse futuro em que idosos serão a maioria da população.

Cuidar da vida de alguém de idade é uma responsabilidade imensa, e todos a seu redor – seja o médico, seja o acompanhante – precisam ser pacientes, gostar de interagir e conversar e, acima de tudo, ter empatia, sem a qual não é possível prestar um cuidado de qualidade. É fundamental preservar a dignidade da pessoa de idade, respeitando sempre sua intimidade.

Esses princípios, que integram o que hoje se conhece como cuidado humanizado, vêm se mostrando muito eficazes para melhorar a qualidade do atendimento, aumentar a satisfação dos pacientes idosos e promover uma experiência mais positiva e respeitosa. Com isso, o cuidado humanizado contribui também para um melhor bem-estar emocional e psicológico desses indivíduos, promovendo uma recuperação mais rápida e eficaz nos casos de doenças e internações.

Conheça os principais profissionais envolvidos nos cuidados com as pessoas idosas:

- **Geriatra:** é o médico que trata da saúde de pessoas idosas de modo integral e individualizado. É um profissional indispensável no cuidado com esse público, pois sua formação permite uma abordagem ampla do indivíduo para avaliação clínica, considerando sua funcionalidade, situação na família e na sociedade, cognição, mobilidade, humor, capacidade de comunicação, nível de independência e outros aspectos importantes. Ele também é muito importante para avaliar a necessidade de cuidados especiais do paciente idoso e é comum que atue ao lado de outros especialistas. O geriatra é o melhor profissional para avaliar os tratamentos adequados e evitar as interações medicamentosas que podem colocar a saúde em risco. Recomenda-se consultar um geriatra pelo menos uma vez por ano a partir dos 60 anos para uma vida saudável e funcional. Entretanto, o temor dos efeitos do envelhecimento está fazendo com que a procura por esses especialistas aconteça bem antes dessa fase.
- **Gerontólogo:** trata-se de um profissional relativamente recente no mercado de trabalho. A gerontologia é a ciência que estuda o processo de envelhecimento a fim de promover uma melhor qualidade de vida aos que alcançam essa fase da vida. O gerontólogo trabalha com aspectos biológicos, psicológicos e sociais do envelhecimento para desenvolver e implementar políticas, programas e práticas voltadas para o benefício da população idosa. Combater os preconceitos também está entre os objetivos da gerontologia. O gerontólogo está apto a

trabalhar em hospitais, instituições geriátricas e clínicas de saúde. Pode atender ainda pessoas de idade em situação de rua, idosos com condições de saúde mental, os que sofreram maus-tratos e outros grupos em situação de vulnerabilidade.

- **Enfermeiro:** é um profissional essencial em qualquer sistema de saúde, com uma vasta área de atuação, que vai além do atendimento hospitalar. Pode atuar também na gestão de unidades de saúde, no cuidado direto ao paciente ou na promoção da saúde. É o enfermeiro quem faz, mediante prescrição médica, procedimentos invasivos como medicação intramuscular, sondagens vesicais, administração de soroterapia e outros. É ele quem deve, também, orientar o técnico de enfermagem ou o cuidador da pessoa idosa sobre os procedimentos que o paciente vai requerer para a recuperação da saúde.

   Além disso, esse profissional é responsável pela supervisão de equipes de auxiliares e técnicos de enfermagem, gestão de protocolos de atendimento e procedimentos e, em alguns casos, pela prescrição de cuidados de enfermagem. Ele também é um educador em saúde, orientando pacientes e familiares sobre tratamentos e medidas preventivas, promovendo o autocuidado e a melhoria da qualidade de vida. Com os avanços tecnológicos, o enfermeiro tem atuado também em áreas inovadoras, como a telemedicina, que permite o acompanhamento de pacientes a distância, além da enfermagem estética, entre outros.

- **Técnico de enfermagem:** é quem realiza procedimentos mais simples, como verificação dos sinais vitais (frequência cardíaca, frequência respiratória, pressão arterial e temperatura), testes de glicemia (se a pessoa idosa for diabética), administração de medicamentos injetáveis, utilização de sondas, coleta de exames de laboratórios, curativos e banhos de leito. Ele ainda é treinado para perceber e administrar mudanças de comportamento que podem indicar alterações na saúde do idoso. O técnico de enfermagem atua sempre sob a orientação de um enfermeiro e seu trabalho é mais necessário no caso de idosos debilitados, que precisam de cuidados mais específicos. Ele deve conhecer bem as doenças mais comuns como as cardiovasculares, as infecciosas, as pulmonares e as degenerativas, de modo a poder identificar alterações relacionadas a elas.

- **Cuidador de idosos:** profissional capacitado a fornecer assistência física, emocional e social às pessoas de idade em suas as atividades diárias, a fim de manter uma qualidade de vida adequada a seu estado. Suas responsabilidades variam de acordo com as necessidades específicas do idoso e do ambiente em que mora. Em geral, o cuidador deve ajudar na alimentação, em seu vestir e no banho, além de administrar medicação, desde que não seja invasiva.

  Também é função dos cuidadores passear com os idosos, acompanhá-los nas consultas médicas e auxiliar na manutenção da higiene bucal e pessoal, realizando a troca de fraldas quando necessário. Manter o ambiente limpo e arrumado também está entre suas responsabilidades. Cuidadores podem ajudar ainda no planejamento e preparo das refeições da pessoa cuidada, mas não é deles a tarefa de cozinhar. Sua função é estar ao lado do idoso, auxiliando-o sempre e estimulando-o. Além das necessidades físicas, o cuidador é uma figura importante para o aspecto emocional da pessoa cuidada, pois é parte de seu trabalho oferecer apoio, estimulá-la e encorajá-la a ter a maior independência possível nas tarefas cotidianas. Por fim, o cuidador deve procurar conhecer bem as doenças daquele de quem cuida, a fim de estar apto a perceber quaisquer mudanças de comportamento que possam precisar de orientação médica.

Cuidador de idosos ainda não é uma profissão regulamentada, mas existem cursos de curta duração para formação desse profissional. Há também, no mercado, pessoas que não passaram por cursos, mas aprenderam a cuidar de indivíduos de idade ao longo de alguns anos de prática.

- **Acompanhante:** são indivíduos capacitados a auxiliar os idosos em suas atividades diárias sem envolvimento com questões de saúde, tais como administração de medicamentos, rotinas de higiene e alimentação. É uma companhia para um passeio, uma compra no supermercado, uma ida ao médico e, em alguns casos, uma internação hospitalar. Nesses casos, o acompanhante deve garantir o conforto e a segurança do idoso. Quando há hospitalização, o acompanhante deve funcionar como um elo entre o hospital e a família, assistindo de perto a reabilitação da pessoa idosa.

- ***Home care:*** trata-se de um serviço acionado normalmente no momento da alta hospitalar por meio de um plano de saúde. O paciente recebeu a alta, mas ainda necessitará de uma estrutura hospitalar em sua residência – seja oxigênio, sondas, monitoramento cardíaco e de pressão ou outros. Portanto, o *home care* só é acionado para casos de pacientes de alta complexidade. É aquele que está acamado, que tem que se alimentar por sonda e muitas vezes não é lúcido.

Atualmente, manter um paciente internado em um hospital custa mais do que o serviço de *home care*, por isso os planos de saúde optam por essa modalidade. No entanto, os planos não conhecem os profissionais que chegam a seus associados; eles, em geral, provêm de cooperativas de profissionais.

- **Fisioterapeuta geriátrico:** é o profissional cujas habilidades trabalham os movimentos e funcionalidades corporais de pessoas idosas que perderam flexibilidade, reflexos, equilíbrio e controle corporal, tanto por motivos naturais como por doenças específicas. Idosos também costumam sentir cansaço ao se movimentarem em função do enfraquecimento muscular, por isso a fisioterapia é fundamental para devolver-lhes o movimento, melhorando a disposição física e amenizando os efeitos do envelhecimento.

  Fisioterapeutas tratam e previnem problemas nos ossos, nervos, articulações e músculos por meio de exercícios diversos e alongamentos. Trabalhando a movimentação e o fortalecimento do idoso, a fisioterapia estimula a autonomia nas atividades do dia a dia e evita problemas decorrentes da falta de equilíbrio e coordenação motora. A fisioterapia geriátrica também trabalha para o alívio de dores, pneumonias, artrite, artrose, complicações respiratórias, demências e sequelas de covid-19.

- **Terapeuta ocupacional:** é o profissional capaz de identificar as disfunções ocupacionais dos idosos considerando sua saúde e formação familiar e social. O trabalho de terapeuta ocupacional interfere no cotidiano da pessoa idosa para favorecer seu desenvolvimento, auxiliar em sua autonomia e buscar melhorias na vida diária e nos aspectos social e de lazer, proporcionando a ela uma melhor qualidade de vida. As práticas da terapia ocupacional estimulam a consciência corporal, as relações sociais e as habilidades cognitivas, mas variam de acordo com as necessidades, limitações e preferências individuais. Podem incluir oficinas diversas, atividades lúdicas, jogos, treinos físicos, música, pintura, modelagem e artes em geral. O terapeuta também pode ajudar o idoso nos casos de perda de memória e de visão.

Para executar seu trabalho, o terapeuta ocupacional deve avaliar a pessoa de idade para então desenvolver e acompanhar atividades que a ajudem a recuperar ou melhorar suas habilidades no dia a dia. Ele também pode ajudar na prevenção de complicações ou acidentes, adaptando o ambiente onde vive o idoso.

- **Nutricionista geriátrico:** é o profissional que vai indicar a melhor dieta alimentar para uma pessoa idosa de acordo com suas condições físicas e mentais. Trata-se de um profissional importante, já que muitos pacientes necessitam de adaptações alimentares devido a doenças preexistentes. À medida que o organismo envelhece, seus órgãos vão perdendo pouco a pouco sua funcionalidade. Assim, acontece a desaceleração do metabolismo e a perda gradativa da absorção de nutrientes. Além disso, o paladar vai perdendo a sensibilidade.

Nesse sentido, o acompanhamento de um nutricionista especializado em idosos pode ajudar a contornar as perdas nutricionais, o que representa um grande benefício para eles. O nutricionista deverá ter acesso aos exames do paciente e ao seu peso corporal a fim de elaborar um cardápio que contenha todos os nutrientes de que ele precisa para manter a qualidade de vida. O trabalho de um nutricionista na orientação da alimentação do idoso pode ser útil até mesmo para evitar doenças causadas por falta de nutrientes, por exemplo, a depressão. O excesso de nutrientes também provoca problemas de saúde em pessoas de idade, como no caso do açúcar e do sal.

O acompanhamento nutricional pode melhorar a função do sistema digestivo, estimular o cérebro e ajudar no controle de doenças crônicas, como diabetes, hipertensão, câncer e demências. Uma boa nutrição melhora ainda o sistema imunológico da pessoa idosa e as condições dos ossos e músculos, o que previne as tão temidas quedas.

Agora que você conhece melhor os profissionais que podem ajudá-lo nessa jornada de cuidado, chegou o momento de entender qual é seu papel dentro desse processo ou se realmente precisa de um aliado. Vamos lá?

VOCÊ SABE MESMO CUIDAR?

É dever das instituições hospitalares ensinar aos familiares os cuidados e procedimentos simples de que um idoso vai precisar ao receber alta. No entanto, é normal que as pessoas tenham dúvidas se são ou não capazes de assumir tais cuidados e procedimentos. Para avaliar a capacidade de cuidar de alguém de idade, aqui vai um pequeno teste de conhecimentos sobre cuidados que um idoso pode requerer.

As perguntas que compõem este teste abrangem conhecimentos básicos, que todo bom cuidador de idosos deve ter para fazer bem seu trabalho. O teste pode ser aplicado a você mesmo ou a quem vai exercer a função de cuidador em sua casa. Mas o ideal é que todos que convivem com a pessoa mais velha tentem responder às questões, pois nunca se sabe quando sua ajuda será necessária.

Veja as respostas (com comentários) no fim do livro.

1. *Para cuidar bem de uma pessoa idosa, **não** se deve:*
   A. ( ) Respeitar sua vontade e preservar sua dignidade.
   B. ( ) Tratá-la como se trata uma criança, pois idosos não compreendem bem o que se passa e precisam de muitos cuidados.
   C. ( ) Estimulá-la a se exercitar todos os dias.

2. *Marque a alternativa **correta** em relação ao papel do cuidador:*
   A. ( ) Se o idoso estiver incapacitado de andar, deve-se deixá-lo parte do tempo sentado na sala, pois é um local onde ocorre maior circulação dos membros da família, diminuindo o sentimento de solidão.
   B. ( ) Não é necessário levar em conta a dor do paciente, pois ela é subjetiva e pode não ser um sinal importante.
   C. ( ) Não é importante observar se a tristeza do idoso assume ares de prostração e interfere em sua disposição, nem avisar o responsável.

3. *Marque a alternativa **errada** em relação ao banho da pessoa de idade:*
   A. ( ) No momento do banho, não é importante que o cuidador estimule no idoso a tarefa de banhar-se.

B. ( ) Antes de chamar o idoso para o banho, o cuidador deverá preparar tudo nos mínimos detalhes, tendo a certeza de que os objetos necessários estão à mão, para não correr o risco de ter que deixar o idoso sozinho.

C. ( ) Quando se está preparando o banho, todas as ações devem ser explicadas em voz alta, falando clara e pausadamente, uma a uma.

4. *Em relação à febre, marque a alternativa* **correta***:*
   A. ( ) Idosos costumam ter febre acima de 40ºC.
   B. ( ) O mais comum é a ausência de febre em pessoas de idade, em função da baixa imunidade.
   C. ( ) A temperatura mais comum em idosos com boa saúde é 35ºC.

5. *Pacientes idosos que* **não têm pressão alta devem***:*
   A. ( ) Aferir a pressão com os médicos nas consultas regulares.
   B. ( ) Aferir a pressão duas vezes por dia para evitar a doença.
   C. ( ) Ter em casa aparelhos eletrônicos para medir a pressão quando necessário.

6. *Marque a alternativa* **correta***:*
   A. ( ) Em casa, é importante deixar os caminhos livres, retirando móveis e entulhos, evitar tapetes soltos e fios (telefones, extensões) no chão.
   B. ( ) Não é necessário ao idoso evitar o uso de chinelos, salto alto e sapatos de sola lisa.

C. ( ) Deve-se armazenar itens pessoais e objetos mais usados pelo idoso acima do nível de seu olhar, para que ele se exercite ao pegá-los.

7. *Sobre o papel do cuidador, é **incorreto** afirmar que:*
   A. ( ) Deve administrar as medicações conforme a orientação médica.
   B. ( ) Deve movimentar o paciente do leito quando ele estiver se recuperando de uma infecção.
   C. ( ) Não deve comunicar ao médico e familiares mudanças no comportamento (agitação, agressividade, confusão mental) de um paciente com demências, pois isso faz parte da doença.

8. *O que é a osteoporose?*
   A. ( ) É uma doença que se caracteriza pela perda progressiva de massa óssea, tornando os ossos enfraquecidos e predispostos a fraturas.
   B. ( ) É uma doença típica do envelhecimento, que só acomete as mulheres acima dos 70 anos.
   C. ( ) É um problema de saúde que inviabiliza a caminhada.

9. *Marque a alternativa **correta** em relação aos cuidados na administração de medicamentos:*
   A. ( ) Para idosos com dificuldade de deglutição, os medicamentos devem ser triturados em separado e administrados cuidadosamente com líquido.
   B. ( ) Quando um medicamento está sem rótulo ou sem prazo de validade, deve ser administrado o quanto antes possível.

C. ( ) Quando não houver certeza de que o medicamento está prescrito pelo médico para o paciente e o familiar solicitar a administração, o cuidador pode administrá-lo do mesmo modo.

10. *Para ligar o ar-condicionado nos ambientes onde o idoso está, é importante:*
A. ( ) Ligar também um umidificador.
B. ( ) Só usar o aparelho durante o dia, nunca à noite.
C. ( ) Manter a pessoa a pelo menos dois metros de distância do aparelho.

11. *Marque a alternativa **correta** em relação aos sinais vitais:*
A. ( ) Os sinais vitais são sintomas que o paciente relata estar sentindo.
B. ( ) Os sinais vitais englobam temperatura, pressão arterial, frequência cardíaca e frequência respiratória.
C. ( ) Os sinais vitais são a glicose e a temperatura.

12. *Sobre a medicação do idoso:*
A. ( ) O ideal é usar as caixinhas divisoras de comprimidos, para que eles possam ser tomados de maneira prática.
B. ( ) Deve-se reunir todos os medicamentos em uma caixa, tendo ao lado as prescrições, para que eles sejam tomados de acordo com o indicado pelo médico.
C. ( ) No caso de comprimidos de difícil ingestão, deve-se diluí-los todos logo pela manhã, para facilitar a rotina.

13. *Em relação à alimentação da pessoa de idade, é* **correto** *afirmar que:*

A. ( ) Não é necessário que o idoso ingira alimentos variados e ricos em nutrientes, pois em idade avançada as pessoas possuem baixa absorção de nutrientes ou fibras.

B. ( ) Toda refeição deve ser gostosa e variada, contendo todos os grupos de alimentos, de fácil digestão e em quantidades suficientes, sendo divididas em várias refeições (cinco a seis por dia).

C. ( ) Não é necessário que o idoso ingira de seis a oito copos de água por dia, pois pode comprometer sua função renal.

14. *Em relação à incontinência urinária, marque a resposta* **correta***:*

A. ( ) Causar constrangimento ao idoso pode prejudicá-lo, deixando-o pouco cooperativo e até mais agitado.

B. ( ) À noite, não é necessário manter a luz do banheiro acesa ou papagaio/comadre junto à cama, pois os objetos podem deixar o paciente desorientado e confuso.

C. ( ) É necessário restringir a ingestão de líquidos para evitar que o idoso urine com frequência.

15. *O método mais adequado para auxiliar inicialmente a pessoa com dificuldade para urinar é:*

A. ( ) Aplicar bolsa de gelo sobre a bexiga.

B. ( ) Administrar as prescrições para estimular a contração vesical.

C. ( ) Abrir a torneira e deixar a água correr próximo ao paciente.

16. *Qual das medidas a seguir facilita o tratamento das lesões por pressão, antigamente chamadas de "escaras"?*

A. ( ) Soprar a ferida.

B. ( ) Envolver a ferida com gaze esterilizada.

C. ( ) Eliminar a pressão sobre a ferida ou próximo dela.

17. *Para que serve o elevador de vaso sanitário?*
    A. ( ) Para proporcionar conforto e facilitar a utilização do vaso sem muito esforço físico por parte de pessoas idosas.

    B. ( ) Para levar o vaso sanitário onde o indivíduo de idade estiver.

    C. ( ) Para auxiliar o tratamento da incontinência urinária.

18. *Faz parte de um cuidado humanizado:*
    A. ( ) Estimular o idoso a ir sempre além de suas capacidades físicas.

    B. ( ) Fazer a pessoa de idade dormir sempre no mesmo horário.

    C. ( ) Cuidar do idoso de maneira integral, considerando suas emoções, valores e contexto social.

19. *O que é a síndrome do jaleco branco?*
    A. ( ) É o desejo de medicar as pessoas.

    B. ( ) É a recusa em tomar qualquer tipo de medicamento.

    C. ( ) É o medo irracional que algumas pessoas têm de médicos, cuidadores, clínicas, hospitais ou qualquer situação ou objeto que remeta a um atendimento na área de saúde.

20. *Por que é preciso monitorar a glicose da pessoa idosa diabética regularmente?*
    A. ( ) Para que ela durma bem.

    B. ( ) A fim de garantir que os níveis de açúcar em seu sangue estejam dentro da faixa recomendada pelo médico.

    C. ( ) Para curar o diabetes.

21. *O cuidador de idosos profissional, para exercer a atividade, deverá:*
   A. ( ) Possuir no mínimo 18 anos completos.
   B. ( ) Ter formação universitária.
   C. ( ) Trabalhar em regime de CLT.

22. *O Estatuto da Pessoa Idosa prevê, para quem abandonar um indivíduo de idade em hospitais, casas de saúde ou entidades de longa permanência:*
   A. ( ) Pena de detenção de seis meses a três anos e multa.
   B. ( ) Advertência, multa e pena de serviços comunitários.
   C. ( ) Pena de dois meses a cinco anos e multa.

23. *É dever do cuidador profissional:*
   A. ( ) Aplicar medicamento intravenoso.
   B. ( ) Zelar pela segurança da pessoa idosa.
   C. ( ) Preparar todas as suas refeições.

24. *Marque a alternativa **correta**:*
   A. ( ) A pessoa de idade pode conviver bem com suas doenças, sem que elas afetem a qualidade de vida.
   B. ( ) A qualidade de vida de um idoso diminui em 50% após os 65 anos.
   C. ( ) Não é possível manter a qualidade de vida após os 65 anos.

Com o teste em mãos, você agora sabe o tamanho da necessidade de um aliado a seu lado na hora de cuidar de seu ente querido mais velho. Agora, chegou o momento de planejar como tornar o cuidado humanizado uma realidade na vida de seu parente e de sua família. Vamos lá?

06
A hora de planejar

Dona Silvana, viúva, vivia sozinha quando levou um tombo ao entrar no banho. Desde então, os filhos dela decidiram que a mãe passaria a viver com um deles e seu apartamento seria vendido para custear os caros tratamentos de ortopedia e fisioterapia, além das cuidadoras, de que passaria a precisar. Mas um de seus filhos teve um sério problema financeiro, pegou emprestado boa parte do valor da venda e ainda não conseguiu repor a quantia no banco. Hoje, dona Silvana nem desconfia de que a verba que sustenta sua vida está terminando, e eles não sabem como vão arcar com os gastos da mãe quando o dinheiro acabar, o que deve acontecer em poucos meses.

Como você deve ter percebido até aqui, é pouco previsível o que pode acontecer em uma família quando o indivíduo idoso perde a independência e precisa de cuidados. Enquanto alguns membros expressam claramente que não têm condições de assumir a tarefa, outros se apressam, muitas vezes até "atropelando o processo" e tomando decisões pela pessoa de idade que cabem a ela fazer. E há ainda aqueles que sacrificam a vida para cuidar de um idoso, geralmente mulheres, às vezes por escolha própria; outras, por decisão da família.

Assim como em qualquer situação, quanto antes se conhece a realidade, melhor o prognóstico. É comum que a pessoa que mais convive com o idoso seja a primeira a perceber as mudanças de comportamento que podem indicar a possibilidade de uma doença, ou perda da independência, pois é nas tarefas do dia a dia que alguns sintomas se tornam mais perceptíveis. É quando alguém esquece uma panela no fogo, passa a ter insônia, torna-se mais irritadiço etc.

Já os demais familiares que não convivem tanto com o idoso podem subestimar os sintomas, pois é natural negar a situação pela dificuldade de aceitar que aquele parente tão importante não é mais o mesmo, que envelheceu. Aliás, mesmo as pessoas próximas podem ter grande dificuldade de aceitar esse processo natural da vida, não querendo ver que seus pais, por exemplo, antes participantes e ativos, tornaram-se mais frágeis e dependentes.

Mas a negação pode acontecer também da parte do próprio idoso, que não quer reconhecer a perda gradual de sua autonomia, nem aceitar a instalação definitiva da velhice em si. Muitos também negam a necessidade de assistência porque não querem "dar trabalho" aos filhos. Assim, acabam não contando para eles os problemas que enfrentam no dia a dia. Se os filhos não acompanham tudo que acontece com os pais, a situação vai se prolongando até que um acidente revele a realidade à família.

O fato é que a negação – seja pelo idoso, seja pelos familiares – é sempre prejudicial, pois atrasa o diagnóstico e dá margem a situações de perigo. É preciso assumir que a condição de saúde daquele ente querido mudou e providências terão que ser tomadas para assegurar sua qualidade de vida e segurança. Por isso, prestar atenção ao que se passa com o idoso e conversar francamente com ele sobre o que está acontecendo é o melhor a fazer.

É assim, inclusive, que se ganha tempo para que a família possa planejar o futuro, para que o envelhecimento do ente querido não se torne um sofrimento para ele próprio e para todos que o cercam. Em geral, espera-se que o familiar mais próximo da pessoa idosa assuma a responsabilidade dos cuidados, ou o que tem melhor condição financeira, mas a imposição deve ser sempre evitada, sob o risco de afrouxar os vínculos familiares.

A verdade é que não é tarefa simples cumprir a rotina de alimentar, cuidar da higiene, dar atenção, medicar e suprir as necessidades básicas de alguém de idade e dependente de cuidados. E tudo tende a se tornar muito mais difícil quando as famílias não se entendem, não entram em consenso sobre aquilo de que o idoso necessita para que sua qualidade de vida seja mantida.

O cuidado compartilhado com divisão de tarefas pode ser um caminho para amenizar a carga e o estresse na família. Se alguns não têm como ajudar financeiramente, com certeza poderão fazer companhia ao idoso em alguns dias da semana, limpar a casa ou preparar a comida.

A vida familiar deve ser adaptada em diversos aspectos e será importante que todos percebam que não apenas a pessoa idosa perdeu a autonomia, na verdade, toda a família se torna dependente de seu estado de saúde. Viagens programadas, rotinas de lazer, tudo pode ser mudado em função da assistência que um idoso dependente pode requerer. Por isso, o planejamento é muito importante – e quanto mais cedo ele for feito, melhor.

A QUESTÃO FINANCEIRA

Embora poucos gostem de falar abertamente sobre dinheiro, é importante saber que a adaptação da família à nova situação será muito mais fácil quando se conversa sobre os custos do envelhecimento, sem se esquecer do inevitável: eles vão aumentar com o tempo. Planos de saúde se tornam mais caros quando a idade avança, assim como os preços dos medicamentos. A necessidade de contratar um cuidador também deve ser considerada.

As pessoas em geral não se preparam financeiramente para a velhice, nunca pensam nisso, por isso são comuns as brigas entre irmãos quando os pais envelhecem e não têm como custear suas despesas. No entanto, vale lembrar que nem sempre a falta de dinheiro é o problema: infelizmente são bem conhecidos aqueles casos do familiar que se dispõe a cuidar das finanças do pai, do tio ou do avô e acaba usando o dinheiro em benefício próprio.

Ainda que não exista doença ou comprometimento mais grave, envelhecer bem custa caro, por isso é preciso cuidar da questão financeira sem tabus. O primeiro passo é verificar quais são as economias do idoso, o que muitas vezes nem ele mesmo sabe. Para tanto, é essencial levantar o quanto ele tem de dinheiro, se tem uma aposentadoria suficiente para suas despesas ou se possui outra fonte de renda. Saber como o dinheiro vem sendo utilizado por ele também é importante.

O ideal, portanto, é que as famílias pensem juntas nos custos do envelhecimento de seus entes queridos e prevejam soluções para diferentes cenários em que o dinheiro possa se tornar um problema. Uma providência importante, por exemplo, é cuidar para que a conta bancária da pessoa idosa não fique indisponível em caso de uma situação inesperada, como uma internação hospitalar, quando ele não terá condições de movimentá-la.

FORMALIZAÇÕES IMPORTANTES

Pessoas de idade estão mais sujeitas a imprevistos que custam dinheiro, como uma internação ou a necessidade urgente de um exame. Nesses casos, ou mesmo quando o idoso tem dificuldade de se locomover, é comum que ele dê a um filho ou a alguém próximo uma procuração para representá-lo, desde que lúcido.

Uma procuração pode ser particular ou pública, ou seja, feita em cartório em papel próprio, indicada para transações e negócios, como a venda de um imóvel. Também pode ter finalidade geral ou um fim específico, por isso é sempre bom consultar a instituição que exige a procuração para verificar o que o documento deve conter.

Trata-se de um procedimento rápido, pois não exige um processo judicial. O documento não tem data de validade, entretanto os bancos exigem sua renovação periódica para que a condição cognitiva seja avaliada pelo próprio idoso, pela família ou pelo tabelião, no caso da procuração em cartório. Por se tratar de um ato baseado na confiança, ela pode ser cancelada a qualquer momento.

Nos casos em que a pessoa idosa não tiver mais plena capacidade cognitiva e intelectual e for considerada incapaz perante a justiça, a procuração deverá ser substituída por uma curatela, outro instrumento em que se transfere poderes de um adulto para outro. No entanto, esse documento é decretado por um juiz após um processo judicial específico para definição do curador. Trata-se de uma medida extraordinária, proporcional às necessidades do indivíduo curatelado, e deve durar o menor tempo possível.

De acordo com a lei, o parente sanguíneo mais próximo da pessoa incapaz tem preferência para ser seu curador. No caso dos casais, o cônjuge ou companheiro será preferencialmente curador do outro. Caso não haja cônjuges ou parentes próximos, o juiz determina um curador, mas o vínculo parental não é necessário para exercer esse papel e a ordem de preferência pode ser alterada a bem do idoso curatelado. O curador deve prestar contas de sua administração ao juiz todos os anos.

Infelizmente, é comum que as famílias se desestruturem diante de problemas causados pelo envelhecimento dos pais, por isso o mais indicado é que elas se antecipem aos problemas. É muito importante tomar medidas preventivas, não apenas para a tranquilidade de quem envelhece, mas também para evitar desentendimentos futuros.

No próximo capítulo, vamos entender um pouco mais sobre alguns pontos de atenção na hora de pensar sobre o cuidado de nossos entes queridos mais velhos e conhecer como facilitar a contratação do profissional certo.

07

O cuidador profissional é seu aliado se contratado da maneira certa

Elaine levou o pai para morar em sua casa, pois cuidar dele à distância vinha se tornando muito difícil. Divorciada, trabalhando fora e com duas crianças, ela se sentia exausta. Para não sobrecarregar sua funcionária doméstica, contratou uma acompanhante autônoma que cuidasse exclusivamente do pai. O arranjo funcionou por seis meses, até que a acompanhante pediu dispensa do trabalho. Alguns meses depois,

Elaine recebeu uma notificação da justiça. Aquela acompanhante re-
queria vínculo empregatício, pois sua carteira de trabalho não havia
sido assinada, e alegava desvio de função, já que atuava também como
babá para seus filhos. E, de fato, ela costumava dar atenção às crianças
enquanto o pai de Elaine dormia após o almoço.

Quando surge a necessidade de um cuidador na família, é normal a afobação. As pessoas saem a procurar indicações com conhecidos, e com pressa contratam alguém de modo direto e, geralmente, informal, ou recorrem a empresas de *home care*, agência de profissionais, empresas de cuidadores de idosos ou cooperativas de enfermagem. Em momentos assim, normalmente esquecemos de que ter um estranho dentro de nossa casa requer muita atenção.

Como vimos até aqui, existem alguns sinais que demonstram a necessidade da ajuda de um cuidador de idosos profissional – por exemplo, quando a pessoa de idade começa a apresentar dificuldade em realizar as atividades diárias, como tomar banho, vestir-se, preparar refeições ou fazer compras na rua. Além, é claro, dos problemas de saúde, a exemplo de uma condição médica crônica, uma lesão recente ou deterioração na saúde física ou mental. Se há preocupação em função do medo de quedas ou esquecimentos frequentes, ou se o idoso se sente só e deprimido, a companhia do cuidador servirá de apoio emocional e estimulação mental, além de garantir sua segurança.

Outro indício de que é hora de contratar um cuidador é quando o familiar que faz esse papel está à beira da exaustão. O que acontece é que a maioria dos que se propõem a cuidar de um familiar não imagina o quanto essa atividade é cansativa física e mentalmente. Assim, além da assistência prática, o profissional de cuidados com idosos pode se tornar uma peça-chave para garantir o bom convívio familiar.

Mas engana-se quem imagina que os problemas sempre terminam quando é decidido fazer essa contratação. Infelizmente, muitas famílias passam por experiências amargas, seja empregando pessoas sem qualificação, seja escolhendo o profissional errado. Um grande exemplo é que muitas vezes o estado de saúde do idoso requer um técnico de enfermagem, mas contrata-se um cuidador, que não tem condições de assistir indivíduos com situação de saúde mais complexas. Também são bem conhecidos casos de indivíduos inaptos a cuidar de idosos e que acabam por cometer violências contra eles, tema de que trataremos mais adiante neste livro.

Contratar um profissional para cuidar de um ente querido também envolve sentimentos contraditórios. Embora cientes de que estão fazendo o melhor, muitas pessoas se sentem culpadas, porque acreditam que aquela função de cuidado na velhice é sua. Esse sentimento é reforçado por medo de reprovação social, pois ainda existe aquela antiga ideia de que cuidar dos idosos é obrigação familiar. Em alguns casos, é o próprio parente de idade quem culpa os filhos, pois acha que eles não podem passar essa tarefa para um terceiro.

É perfeitamente natural que as pessoas se sintam responsáveis pelo cuidado e bem-estar de seus entes queridos que envelheceram. Essa preocupação genuína pode fazer com que elas se questionem se estão mesmo fazendo o suficiente por eles, mas há que se ter cuidado com o sentimento de culpa. Deve-se reconhecer que pedir ajuda e procurar os serviços de um cuidador de idosos não é sinal de fraqueza ou falha. Na verdade, é um ato de amor e responsabilidade, garantindo que seu ente querido receba os cuidados adequados.

Cuidadores bem formados podem acompanhar o idoso a consultas médicas e a passeios ao ar livre, orientá-lo a fazer exercícios físicos leves e outras ações que terão um impacto positivo e significativo em sua segurança, saúde e qualidade de vida, permitindo que os demais familiares trabalhem e levem a vida normalmente.

Todo o processo de contratação de um profissional deve ser feito, portanto, com muita observação e profissionalismo, para que as possibilidades de erros sejam diminuídas, mas a colaboração da família também é importante. Há casos de familiares que, por morarem distantes do idoso a ser cuidado, ou mesmo por medo de "assustar" possíveis candidatos ao trabalho, não relatam a verdadeira condição de saúde física e mental de quem será cuidado.

É claro que tal atitude não é positiva, pois cedo ou tarde a realidade se mostra e tudo se complica se o cuidador não está preparado. Não relatar os fatos como eles são a quem vai cuidar do idoso leva ainda a trocas constantes de cuidadores, o que não é positivo para o profissional, para a pessoa que precisa de cuidado, e nem para a família responsável por ela.

AS FORMAS DE CONTRATAR

Nem sempre é fácil distinguir o que é e o que não é atribuição do profissional quando o trabalho é executado no ambiente doméstico. Por questões culturais, muitos não veem problemas em solicitar ao cuidador que faça ou lhes sirva um cafezinho, que arrume a casa ou vá fazer uma comprinha rápida no supermercado. Com isso, essas pessoas estão trazendo toda uma responsabilidade de vínculo profissional para elas, o que pode ter sérias consequências.

Segundo a advogada Martha Sittoni, consultora jurídica da Padrão Enfermagem, é muito tênue a linha que distingue os diferentes tipos de trabalho doméstico, por isso é preciso atentar para vários detalhes. Na verdade, são muitos os equívocos que podem acontecer na hora de contratar um cuidador de idosos.

A dra. Martha explica que:

> Uma solução muito utilizada pelas famílias, por exemplo, é a contratação de mais de um cuidador para que eles trabalhem apenas duas vezes por semana cada um, frequência que, segundo a lei, não configura vínculo empregatício. Entretanto, se houver um escritório dentro da casa, o que acontece muito frequentemente hoje com o modelo de home office, e esse profissional servir um café, atender ao telefone ou qualquer ação correlata, sua atividade deixa de ser atividade autônoma e de cuidados, e ele pode requerer o vínculo empregatício.[28]

A contratação pela CLT também pode virar um problema quando não se respeitam as horas extras do cuidador. Nesse tipo de contratação a jornada de trabalho é de 44 horas semanais, mas é comum que o empregado, por morar longe, acabe dormindo no trabalho. Com isso, em muitos casos o tempo de descanso não é respeitado, o cuidador acaba fazendo uma coisa ou outra e esse tempo não é pago como hora extra.

Sobre isso, a dra. Martha conta o seguinte:

---

[28] Entrevista concedida aos autores em 18 de junho de 2024 via Google Meet.

No caso de uma ação trabalhista, a figura do profissional é vista como hipossuficiente, a parte mais fraca da relação de trabalho. Então, ações desse tipo tornam-se um risco muito grande e podem acontecer condenações muito sérias. Há casos de pessoas que perdem seus imóveis em razão de processos trabalhistas como esse.[29]

Outro ponto importante é a contratação direta de autônomo, via recibo de pagamento autônomo (RPA). Trata-se de uma alternativa viável, reconhecida pela legislação trabalhista, que permite flexibilidade para os profissionais complementarem suas rendas através de plantões ou turnos variados, em função da natureza sazonal ou esporádica das tarefas realizadas. No entanto, este tipo de arranjo pode apresentar riscos legais se não for bem gerenciado.

Como você pode perceber, acredita-se que quem contrata um cuidador de idosos autônomo está liberado de vínculos trabalhistas, mas a realidade não é bem assim. Em casos em que o cuidador trabalha todos os dias, nada impede que ele peça esse vínculo mais tarde, e isso acontece com certa frequência, especialmente quando empregador e autônomo se desentendem por algum motivo. A dra. Martha acrescenta:

O mesmo pode acontecer com o microempreendedor individual (MEI). Para efeitos da justiça do trabalho, não é porque um trabalhador autônomo emite uma nota fiscal que ele não possa ser reconhecido como empregado. Por isso é preciso ter muito cuidado com os limites do que foi contratado.

---

[29] *Ibidem.*

Seja qual for o tipo de contrato de trabalho, documentá-lo é essencial, mas infelizmente poucas pessoas optam por essa regularização e, pior, muitos desconhecem a legislação trabalhista. Um contrato que protege seus interesses e os do cuidador deve descrever os direitos e deveres das partes com clareza – e estes têm de ser sempre respeitados para evitar problemas futuros. Como vimos, situações aparentemente corriqueiras, como delegar a uma cuidadora algum tipo de tarefa de uma funcionária doméstica, pode ter consequências graves.

Outro equívoco é imaginar que uma pessoa da família que cuida de um idoso não pode requerer vínculo empregatício. Segundo a dra. Martha, não existe nenhuma impossibilidade de se construir uma relação de emprego entre um pai e um filho, por exemplo. Quando todos os filhos vivem no mesmo ambiente, isso é mais difícil, pois se estabelece que é uma questão de organização do lar e distribuição de tarefas. No entanto, se alguém se desloca de sua casa todos os dias para cuidar de um pai, pode haver reconhecimento de vínculo empregatício. E fazer essa formalização se torna mais urgente e necessário à medida que a relação de parentesco vai se distanciando, como no caso de um sobrinho que cuida do tio, um neto em relação aos avós e bisavós.

É preciso cuidado também ao contratar cuidadores por intermédio de empresas de terceirização. O problema é que esses profissionais são contratados pela terceirizada, via CLT, que por isso devem assinar as carteiras profissionais e recolher os impostos devidos. Portanto, a empresa responde por todo tipo de prejuízo que seu funcionário causar.

O risco, nesse caso, é que algumas empresas de terceirização nem sempre fazem a contratação de seus empregados da forma que deveriam. E se a empresa faz uma terceirização ilegal, ou seja, não registra o funcionário e nem recolhe os impostos sobre a folha de pagamento, o profissional pode entrar na justiça contra a empresa e contra o cliente que tomou o serviço – o cliente, nesse caso, responderá na justiça de maneira solidária.

Na verdade, o que o cliente deve fazer – e geralmente não faz – é exigir da empresa de terceirização a apresentação de todos os documentos que comprovam a formalização do trabalho e o recolhimento dos impostos devidos. É seu direito requerer essa prestação de contas, mas muitas empresas não a fazem e muitos clientes também não a exigem. Assim, eles têm a falsa sensação de segurança e acham que estão isentos de obrigações – o que não é verdade. Além disso, para se blindar dos riscos de serem envolvidos em processos trabalhistas, é importante sempre pesquisar sobre as empresas de terceirização para verificar sua situação legal.

Sobre esse assunto, a dra. Martha complementa que:

> As relações de trabalho mudaram muito nos últimos tempos, mas muitas pessoas ainda estão presas aos antigos moldes, especialmente aquelas com mais idade. No entanto, deve-se tomar muito cuidado com o que acontece dentro de nossa casa quando temos um profissional de cuidados, pois as regras existem e devem ser obedecidas, sob pena de muitos aborrecimentos no futuro.

A INTERMEDIAÇÃO DE MÃO DE OBRA

Os cuidados com idosos representam um mercado em franco crescimento em todo o mundo, e novos modelos de negócios vêm surgindo para oferecer mais garantias e segurança a todos os envolvidos. Um desses novos modelos é o de serviços prestados por empresas intermediadoras de mão de obra que, sob o ponto de vista jurídico, respondem pelo recrutamento e seleção, enquanto o profissional contratado responde por seu trabalho – assim, não há possibilidade de o cliente ser lesado no que diz respeito a encargos trabalhistas.

Quando pensamos em uma agência que trabalha com o sistema de intermediação de mão de obra, precisamos entender que ela possui dois clientes: o contratante do beneficiário dos serviços e o profissional de cuidados. Sua função é justamente promover o encontro entre as duas partes, ou seja, encontrar o profissional mais adequado às necessidades da família da pessoa a ser cuidada. Para isso, a agência mantém um cadastro com diversos profissionais cujos currículos, documentações e antecedentes passam por uma rigorosa avaliação prévia.

A cada solicitação de um profissional, a agência oferece uma consultoria presencial ou on-line, onde é feita uma avaliação do grau de complexidade do enfermo ou da pessoa idosa. Nessa oportunidade, as famílias ou os próprios beneficiários dos serviços podem expor o perfil desejado do profissional. Há também as aptidões e experiências práticas necessárias ao trabalho. Uma pessoa com o físico frágil não dará conta de cuidar de um paciente obeso, por exemplo.

Assim como as famílias, os profissionais da saúde e cuidados também devem expor suas preferências de trabalho. Conectando esses dados, a agência procura alocar o profissional certo para cada família. No caso da Padrão Enfermagem, a agência funciona ainda como mediadora se houver uma eventual insatisfação ou conflito entre as duas partes – os quais, embora raros, podem acontecer, pois estamos tratando de relações humanas.

Há profissionais que se envolvem nos problemas da família, por exemplo, mas o contrário também acontece. Muitas vezes a família reclama de atrasos do cuidador e este também pode se queixar quando lhe são cobradas responsabilidades que ele não tem. Com uma boa mediação, consegue-se melhores condições de relacionamento no ambiente doméstico, o que representa um ganho para a pessoa que requer cuidados. Sempre que uma substituição de profissional se faz necessária – seja por solicitação do cliente, seja pelo próprio agenciado –, será preciso fazer toda uma adaptação, o que poderá ser um pouco desgastante para ambos.

A flexibilidade da contratação dos serviços no sistema de intermediação também é muito positiva para todas as partes. Como são diárias de trabalho, o próprio cliente é quem definirá sua necessidade de atendimento.

Outra vantagem é a responsabilidade da empresa de obter informações confiáveis sobre os profissionais que indicam, o que acontece após uma verificação de sua capacitação para o trabalho e de seus antecedentes. Em sistemas nos quais essas verificações não acontecem, as chances de surgirem problemas aumentam muito. Infelizmente há pessoas e empresas desonestas em todo lugar, e o mercado de cuidados com idosos não é uma exceção.

A CARTILHA DA FAMÍLIA

Como vimos, é preciso ter algumas garantias ao contratar um profissional de cuidados para uma pessoa idosa, especialmente quando isso é feito de maneira direta. Os tempos mudaram, as relações de trabalho também, e é muito tênue a linha que separa as tarefas domésticas das profissionais nesse caso, como explicado antes. A título de exemplo, um cuidador pode fazer uma vitamina, descascar uma fruta, fazer um mingau, mas não pode preparar, no sentido de cozinhar, as refeições principais do indivíduo de idade.

Direitos e deveres, tanto de quem contrata como de quem é contratado, também devem ser obedecidos, assim como os limites da liberdade que o profissional poderá ter dentro da rotina doméstica. Lembre-se de que contratar um profissional de cuidados para uma pessoa idosa não é simplesmente o fim dos problemas e desafios de cuidar de um ente querido que envelheceu. As famílias precisam estar presentes, orientar e supervisionar o trabalho dos cuidadores e não há como abrir mão dessa tarefa.

Ao mesmo tempo, é preciso ter bom senso e saber compreender as dificuldades enfrentadas pelos profissionais de cuidados. Não se trata de um trabalho simples, e ele é realizado no ambiente doméstico, o que é delicado. Por isso, é preciso ter compreensão e paciência para conversar e resolver com calma os problemas que possam surgir.

Veja agora alguns pontos de atenção que podem fazer as relações de trabalho dentro de casa serem harmônicas, garantido um ambiente tranquilo para a família, para quem cuida e para quem é cuidado. Eles estão divididos em cinco grupos, sendo o primeiro referente a todas as providências a serem tomadas quando se decide contratar um cuidador. O segundo aborda o que fazer para introduzir o profissional nos cuidados com o idoso e o terceiro diz respeito à família, ao que as pessoas que vivem na casa devem saber sobre ter um profissional de cuidados em casa.

O quarto grupo de cuidados discute a segurança do idoso, dentro e fora de casa, e o quinto grupo analisa a questão dos medicamentos, parte delicada do tratamento das pessoas idosas, que merece muita atenção.

Atenção preliminar

- Ao perceber que vai precisar de um profissional de cuidados em casa, procure com calma uma agência especializada que resolva de fato o problema. Evite a afobação e escolha o sistema que mais se adapte às necessidades do indivíduo idoso e de sua família. Avalie as diversas formas de contratação do mercado e opte por aquela que dispense você de preocupações além das que a pessoa de idade normalmente requer.

- Exponha com fidelidade a situação de quem será cuidado. Tudo deve ser muito claro, de modo a evitar a insatisfação do idoso e da família e o constrangimento do profissional na hora em que ele for fazer o atendimento. Uma avaliação correta também evita a rejeição e rotatividade do profissional.

- Estabeleça com o cuidador como será seu trabalho e coloque-o a par da rotina da casa em tudo que interfere no cuidado com o idoso. É fundamental também ouvir as expectativas do cuidador sobre o trabalho.

- Não espere que o profissional contratado vá resolver todas as dificuldades. Se o idoso é obeso, por exemplo, o cuidador não conseguirá tirá-lo da cama sozinho, assim como um familiar não conseguiria cumprir essa tarefa. É preciso entender que o cuidador tem limites em seu trabalho.

- Faça um levantamento completo de tudo de que a pessoa idosa vai precisar para seu cuidado, como cadeiras de banho, fraldas geriátricas, termômetros, medicamentos. Fornecer esses equipamentos e insumos é obrigação da família.

- Providencie o local em que o profissional vai repousar durante os plantões noturnos, se forem necessários.

- Seja minucioso ao conversar sobre aquilo a que o cuidador terá direito. Se a família estabelece que ele fará suas refeições na casa durante seus plantões, por exemplo, é preciso explicar o tipo de refeição servida. Se na casa se tem o hábito de substituir o jantar por um lanche, e o cuidador espera uma refeição completa, haverá insatisfação.

- Faça um contrato de trabalho claro, registrando no documento a forma de contratação, horários e lista das obrigações e deveres de cada parte envolvida. Pense bem na rotina do idoso e do que ele pode necessitar. Se a família costuma viajar, por exemplo, é importante detalhar no contrato o que acontece com o profissional que o acompanha nesse caso, além de pesquisar sobre direitos e deveres envolvidos fora do domicílio de trabalho.

- Prepare um relatório dos plantões em que o cuidador deverá anotar tudo que aconteceu enquanto a pessoa de idade estava sob seus cuidados. Tirar uma fotografia do idoso no fim dos plantões também é positivo. Esses procedimentos ajudam a evitar conflitos de cumprimento de atribuições, principalmente quando há mais de um cuidador. Veja algumas sugestões de formulários ao final deste livro.

- Instalar câmeras nos ambientes que o idoso frequenta é bastante positivo, pois inibe comportamentos inadequados dos cuidadores, como ficar todo o período do plantão mexendo no celular.

Atenção com a pessoa idosa

- Prepare a chegada do profissional de cuidados conversando com o idoso sobre sua necessidade, destacando os benefícios que aquela pessoa vai oferecer à rotina de toda a família.

- Durante o período de adaptação de um novo profissional, observe bem o comportamento da pessoa cuidada, veja se está havendo boa aceitação e se ela está correspondendo às expectativas. Depois de passado o período de adaptação, não se distancie delegando todas as responsabilidades ao profissional. É importante estar atento, supervisionando os cuidados.

- Policie-se para não enxergar a pessoa de idade e dependente com um olhar do passado, quando ela era ativa e autônoma. De nada adianta insistir que coma como antes quando é preciso processar o alimento para que ela possa engolir. Também não é positivo recusar o uso de fralda geriátrica quando chega a necessidade, acreditando que isso vai incentivá-la a usar o banheiro.

- Respeite a autonomia do idoso. Sempre que possível, consulte-o sobre as decisões a respeito de sua saúde, envolvendo-o nas escolhas acerca de seu cuidado. E não faça por ele o que ele pode fazer sozinho.

- Idosos precisam de companhia, gostam de conversar e estar com seus familiares. Inclua seu ente querido nos programas da família, mesmo que sua locomoção seja difícil. Separe também um momento do dia para estar e conversar com ele. É uma atitude simples, mas que faz muita diferença para o estado emocional da pessoa idosa.

- Pessoas com mais idade se beneficiam das rotinas, e estabelecê-las é uma boa tática para que tudo funcione melhor em casa. Deve-se obedecer aos horários das refeições, do banho e dos passeios, evitando imprevistos que alteram a ordem das tarefas e atividades do dia. Quando for necessário fazer uma mudança na rotina, converse antes com o idoso. Especialmente se ele tiver alguma demência, isso é muito importante.

Atenção com os familiares

- Instrua as pessoas que moram na casa a respeitar rigorosamente o limite das atribuições do cuidador, não delegando a ele tarefas domésticas que não tenham a ver com o cuidado do idoso.
- É importante atentar para atitudes que infantilizam o idoso, pois isso faz com que ele renuncie a tarefas que ainda tem condições de cumprir. Quanto mais autonomia ele tiver, melhor será sua autoestima e maior será sua qualidade de vida.
- Garanta que seu convívio e de seus familiares com as pessoas que cuidam das pessoas de idade seja profissional e respeitoso, evitando falar com elas sobre problemas familiares. Evite também se envolver nos problemas dos cuidadores. Atitudes assim ajudam a manter uma convivência mais saudável.
- Pessoas idosas tendem a perder a autoestima. É importante que todos da casa façam com que elas se sintam úteis, dando-lhes tarefas que são capazes de cumprir. Elas, se possível, devem também cuidar do ambiente em que vivem, seja fazendo suas camas ao acordar, seja pondo a mesa do almoço ou sendo responsáveis pelas plantas, por exemplo.
- É fundamental respeitar a intimidade das pessoas idosas. Todos da casa devem bater à porta de seu quarto e do banheiro

antes de entrar e avisar a elas que podem lhes chamar quando precisarem de ajudar para se vestir, por exemplo. Essas são pequenas atitudes que rendem ótimos resultados.

Atenção com a segurança

- É muito importante cuidar da segurança da pessoa idosa, mas é essencial evitar tirar sua autonomia, não permitindo que desista daquilo que ainda tem plena habilidade de realizar. É preciso observar muito e encontrar um equilíbrio entre sua necessidade de segurança e preservação da independência. Com certeza, levará mais tempo para fazer algo sozinha, mas é importante ser paciente e respeitar esse período.

- Confira regularmente a necessidade de novos equipamentos de segurança em casa, como elevadores de vaso sanitário, barras de segurança, maçanetas e torneiras de fácil manuseio e outros.

- Cuide da segurança dentro de casa, mas não esqueça da segurança nas ruas. Pessoas de idade, ao saírem sozinhas, devem carregar com elas um cartão de identificação em que conste seu nome, endereço e telefones de contato.

- Se o idoso tem condições de caminhar sozinho, e costuma sair para fazer compras ou pequenos passeios, observe as condições das calçadas por onde ele passa. O ideal é observar os percursos e indicar aqueles mais tranquilos, onde há menos riscos de tropeços e mais segurança para atravessar as ruas.

Atenção com os medicamentos

- Mantenha os medicamentos longe do sol, de crianças e animais domésticos, e em local seco e arejado. Não tire os medicamentos das caixas originais.

- A melhor solução é colocar os remédios em uma caixa única, com tampa e com as prescrições médicas ao lado. Uma tabela com os horários das medicações também pode ser útil.
- As caixinhas plásticas com divisórias não devem ser usadas para pessoas que usam muitos medicamentos, pois estes podem ser facilmente confundidos, sobretudo quando quem fez a divisão não é quem vai dar o remédio ao idoso.
- Ervas e chás naturais não devem ser tomados sem consultar o médico, pois alguns podem provocar reações adversas.
- Converse com o médico sobre a possibilidade de dividir as medicações em horários padronizados, para facilitar esse processo. Mas atenção: consultar o médico é extremamente importante, já que alguns medicamentos não podem ser ingeridos ao mesmo tempo.
- Mantenha uma lista atualizada sobre todas as medicações que a pessoa idosa está utilizando e a leve em todas as consultas médicas.
- Tenha muito cuidado com a automedicação em idosos. Devido ao uso de múltiplos medicamentos, eles estão mais suscetíveis a efeitos colaterais graves. Não ofereça, muito menos permita, que o indivíduo de idade tome medicamentos sem conhecimento do médico.
- Ao diluir uma medicação – seja comprimido ou líquido –, faça a diluição no momento da administração. Deixar a medicação diluída antes do tempo pode fazer com que perca o efeito, além de correr risco de contaminação.
- Comprimidos devem ser retirados do blister na hora de tomá-los, para que não entrem em contato com o ar ou algum contaminante presente no ambiente.

RESPEITE A AUTONOMIA DO IDOSO. SEMPRE QUE POSSÍVEL, CONSULTE-O SOBRE AS DECISÕES A RESPEITO DE SUA SAÚDE, ENVOLVENDO-O NAS ESCOLHAS ACERCA DE SEU CUIDADO.

O dever de cuidar
@rafael_schinoff_ceo
@roberta_bellumat

08

O que é empreender na área de cuidados

Por Roberta Bellumat,
diretora-executiva da Padrão Enfermagem

Embora não tenha começado minha vida profissional como empreendedora, sempre fui uma pessoa inquieta, sempre gostei de desafios e tive grande influência familiar. Meu pai já teve vários negócios e eu mesma trabalhei em um deles. Era um laboratório de análises clínicas, que existe até hoje aqui no Espírito Santo, onde moramos. E, para assumir a gestão do laboratório no futuro, cheguei a me formar em Farmácia e Bioquímica e fiz ainda um MBA em Gestão de Saúde pela FGV.

Comecei a trabalhar no laboratório com 15 anos, sempre por incentivo do meu pai. Passei por todas as áreas da empresa, mas com o tempo comecei a perceber que uma insatisfação me acompanhava. Eu via áreas que podiam ser melhoradas, procedimentos que faria de maneira diferente, mas eu não era a gestora da empresa e não podia implementar as mudanças que julgava necessárias. Na verdade, o que eu queria era ter um negócio que, quando prosperasse, fosse por mérito meu. Um negócio em que eu pudesse fazer o que tinha que ser feito.

Foi então que conheci, por uma grata surpresa do destino, um enfermeiro que veio a ser meu marido, e que trabalhava na época como professor e funcionário público. Começamos a namorar e descobrimos que nós dois desejávamos empreender. Eu queria uma franquia, porque é um negócio que já vem pronto, que já deu certo e que já tem todos os processos validados.

Pensei inicialmente em uma franquia de chocolates, mas acabamos pesquisando mais e decidi, junto com meu namorado – na verdade, já éramos noivos na época –, pesquisar mais, até que ele encontrou a Padrão Enfermagem e gostou de sua proposta. Era uma franquia acessível e tinha a ver com a área dele, a enfermagem. Fizemos o contato, gostamos e combinamos que, assim que nos casássemos e retornássemos de nossa lua de mel, começaríamos a franquia.

Tudo isso já passa de dez anos, e hoje sei que fizemos a escolha certa. A pirâmide etária de nosso país não é mais uma pirâmide, temos cada vez mais idosos no Brasil, e as pessoas estão tendo menos filhos. Além disso, o mercado de cuidados é perene e democrático, pois todo mundo já precisou, precisa ou precisará de cuidados em algum momento da vida. Não apenas quem envelhece pode precisar de nossos serviços, mas também quem passa por uma cirurgia, fica imobilizado, tem uma deficiência e muitos outros casos.

Inauguramos a franquia aqui em Vitória, com uma festa muito bacana. Fiz uniformes para a empresa, plotei um carro, enfim, era uma experiência completamente nova para mim. Mas eu entendi que precisaria zelar por aquela marca, que não era minha. E a forma de fazer isso era estando próxima do franqueador, buscando todas as informações para que o meu negócio prosperasse, e assim foi feito. Arregacei as mangas e fiz acontecer.

É claro que nada foi tão simples, tivemos que estudar o mercado, entender o cliente, saber como fazer um bom comercial. Tivemos muitos perrengues, surgiram concorrentes, muitas coisas aconteceram. Mas o tempo foi passando e tudo foi sendo resolvido. Eu aprendi a lidar com os problemas da vida como oportunidades de crescimento. E, depois de ter deixado o laboratório do meu pai para ter meu negócio, eu só via uma possibilidade na vida: tinha que dar certo!

E então veio a pandemia, o que foi um grande desafio. Nós nos deparamos com muitas situações difíceis, mas não desanimamos. Eu fui buscar outros tipos de mentoria, procurei apoio no Sebrae, e com isso descobrimos outras formas de atender os clientes, selecionar profissionais e continuamos a trabalhar. Além disso, tive meu filho no início da pandemia. Felizmente pude contar com a ajuda da minha grande parceira Lillian, que era minha funcionária e depois de um ano se tornou minha sócia na Padrão Enfermagem. Com muito trabalho, conseguimos chegar a resultados ainda melhores do que os de antes de a covid-19 parar o mundo.

Nosso sucesso como franqueados há dez anos acabou rendendo um convite que muito me gratificou: tornar-me sócia da rede de franquias Padrão Enfermagem. Hoje, não mais como franqueada, mas como franqueadora, estou utilizando todo o meu conhecimento na área para melhorar ainda mais a empresa, aplicando as inovações que surgem no mercado e dinamizando nosso relacionamento com os franqueados. Afinal, eu conheço bem seus desafios.

A Padrão Enfermagem é, na verdade, uma empresa de recursos humanos, mas que tem ênfase na área de cuidados, que sempre estará em alta, independentemente das tecnologias que possam vir a existir, pois nada vai substituir o lado humano na área de cuidado. E não é necessário pertencer à área de saúde para ser um franqueado. É claro que a pessoa que atua no meio tem um *network* maior, por isso pode ser interessante ser da área, mas não é uma regra para o sucesso. Temos franqueados nas áreas de engenharia, direito, administração e até jornalismo.

Para ser empreendedor, no entanto, não basta querer, tem que ter o perfil para isso. Muita gente acaba empreendendo por achar que terá uma renda passiva, que não vai precisar ter muito trabalho, mas não é assim. Empreender no Brasil é um desafio, e a essência de quem empreende deve ser a de saber resolver problemas. Uma empresa só funciona e dá lucro se ela estiver resolvendo a dor de alguém.

O empreendedor tem que ser inquieto, tem que querer sair da zona de conforto, e tem que ter ambição. Ele não pode começar e em certo momento achar que já está bom, porque tudo muda, e aquilo que era bom antes passa a não ser mais. O empreendedor precisa ser um "inconformado" e estar sempre buscando coisas novas. E tem que ter adaptação, porque as mudanças estão acontecendo de maneira muito rápida, como estamos vendo agora com a inteligência artificial e as novas tecnologias emergentes. É preciso sempre se adaptar para não ficar para trás.

Para empreender em cuidados com pessoas, as exigências são maiores ainda. O empreendedor dessa área tem que ter empatia, saber ouvir. Muitas pessoas se enganam quando acham que elas vendem o próprio negócio, mas não é isso; na verdade, terão que ouvir o cliente primeiro, para depois levar a solução para ele. A escuta ativa é importante, pois lidamos com pessoas que estão em um momento delicado da vida, é preciso ter uma fala mais empática.

A capacidade de se colocar no lugar do outro é mais um atributo que quem quer mesmo empreender na área de cuidados deve ter. Nosso trabalho é focado em resolver dores, e só prospera nele quem consegue ter um atendimento de excelência, oferecendo um suporte eficaz com profissionais qualificados. E não basta investir e colocar outra pessoa para estar à frente do negócio: o empreendedor tem que saber o que a equipe está fazendo e conhecer o serviço que está prestando. Quando a gente lida com pessoas, o desafio é bem maior do que quando lidamos com um produto.

Por fim, é preciso estudar o mercado. O Brasil é um país muito grande, e a comunicação, por exemplo, é diferente de região para região. Temos que falar a "língua" de cada lugar para nos comunicarmos bem com nosso cliente e divulgarmos nosso serviço. É preciso, ainda, ser um bom comunicador, ter a capacidade de falar com todos os públicos, e ter foco para evoluir sempre, assim como a Padrão Enfermagem tem. A empresa já tem dezoito anos e continua a evoluir, assimilando o que vem surgindo no mercado e sempre acompanhando as novas tecnologias.

Buscamos sempre oferecer mais para nossos clientes, por isso acabamos de criar a Netcare, empresa que veio agilizar nossa gestão de pagamentos e que também oferece um clube de vantagens e gestão de *cashback*. Com isso, mantemos o pioneirismo da Padrão Enfermagem e oferecemos mais segurança, praticidade e economia para nossos clientes. Temos hoje franqueados em diversos estados do país satisfeitos e realizados, como se percebe nos depoimentos a seguir.

INVESTIR COM PROPÓSITO: O QUE DIZEM NOSSOS FRANQUEADOS

"Nasci em uma família de funcionários públicos, pessoas que fazem carreiras dentro de uma empresa, e nunca havia pensado em empreender, nunca imaginei que tivesse jeito para isso. Até que fui demitida do banco em que trabalhava. Sozinha e com uma criança pequena, comecei a procurar outros trabalhos, pois sou muito ativa, mas senti que não queria mais trabalhar da forma como trabalhava antes. Algo havia mudado em mim desde a demissão.

Um dia, fui visitar uma feira de franquias aqui em São Paulo e me interessei por um serviço ligado a cuidados com idosos. Em casa, comecei a pesquisar o mercado pela internet e cheguei à Padrão Enfermagem. A conversa foi muito boa e gostei muito do conhecimento jurídico da empresa. Nessa mesma época, um sobrinho meu, o Gabriel, havia acabado de se tornar enfermeiro e estava sem trabalho, pois o idoso de quem ele cuidava havia falecido. Propus-lhe abrirmos a franquia a ele aceitou.

Hoje, posso afirmar que me sinto completamente realizada com o que faço, pois é muito gratificante saber que tantas pessoas encontram em nós o apoio de que precisam. Quando se veem diante do envelhecimento de um ente querido, e ele passa a precisar de cuidados, as famílias ficam perdidas, não sabem o que fazer. Elas não conhecem os sintomas das doenças, não sabem trocar um curativo, não sabem o que fazer para ter uma cama hospitalar em casa. É sempre uma situação muito difícil.

Acredito que o meu conhecimento na área de recursos humanos, por ser psicóloga, e a dedicação e o carisma que Gabriel tem com os idosos e suas famílias, foram as chaves de nosso sucesso. Nós entendemos as dores de nossos clientes e trabalhamos com profissionais que também possuem empatia, pois nossa longa experiência nos permite identificá-los e recomendá-los a nossos clientes.

Sabemos que colocar pessoas para cuidar de idosos em suas casas – alguns morando sozinhos – é uma responsabilidade muito grande, por isso nosso trabalho vai muito além da simples indicação de profissionais. Estamos sempre prontos para resolver os problemas que podem surgir nas relações entre os idosos, suas famílias e os profissionais de cuidados e estamos muito felizes em poder fazer a diferença na vida de tantas pessoas."

Renata Lima, psicóloga com especialização em gerontologia, franqueada da Padrão Enfermagem há oito anos.

"Eu me formei em 2002 como enfermeira e inicialmente trabalhei com *home care* e em instituições hospitalares. Nesses trabalhos, minha maior angústia era ver o sofrimento das famílias com seus idosos doentes. Eu via que os familiares tinham uma grande dificuldade de executar os cuidados que um idoso requer, pois eles representam um sacrifício para pessoas que não escolheram fazer esse tipo de trabalho.

Como minha vivência era na terapia intensiva, com pacientes mais graves e que demandavam um cuidado maior, conheci muitas famílias bem estruturadas que, quando o idoso voltava a ser internado, estavam se autodestruindo, com irmãos que não se falavam mais e todo tipo de desentendimentos. Os cuidados com aquele ente querido haviam sugado as energias de todos e eles não conviviam mais como uma família de verdade.

Aquela era uma época em que os enfermeiros tinham apenas dois caminhos: trabalhar em hospitais ou ir para a saúde pública, para trabalhar também como plantonistas. Poucos eram os enfermeiros que ousavam fazer algo diferente. Mas comecei a me incomodar com a vida que eu levava, que era muito instável. Além disso, eu não tinha tempo de ver meus filhos crescerem, pois saía de casa cedo e voltava tarde dos plantões, de segunda a sábado.

Na época, meu marido se sentia como eu, e então nós dois decidimos procurar algo que nos desse uma condição de vida melhor, mas que não nos distanciasse de nosso sonho, que é a enfermagem. Foi então que conhecemos aqui em Belo Horizonte uma franqueada da Padrão Enfermagem que não estava conseguindo dar conta da gestão da franquia, pois não morava na cidade. Adquirimos a franquia em setembro de 2012 e desde então estamos atendendo famílias e pessoas jurídicas, como clínicas e casas de repouso.

Hoje, consigo me realizar como enfermeira, atendendo famílias como as que via sofrendo no passado. É muito gratificante receber o agradecimento dessas pessoas e ver os resultados, conhecer famílias que voltam a se unir porque nós conseguimos o profissional adequado para cuidar de seus idosos. São pessoas que voltam a viver a vida como antes porque sabem que seus entes queridos estão entregues a um atendimento de qualidade.

Como enfermeira, eu faço as visitas presenciais às famílias, analiso as necessidades delas. Vejo do que o ambiente precisa para que os cuidados sejam executados, programo o que será feito pelo profissional que será indicado por nós e assim estabelecemos uma relação de confiança que se torna duradoura. Recebemos sempre novos clientes a partir de indicações de famílias que atendemos no passado.

O profissional que julgamos ideal para cada caso também é preparado sobre o estado do idoso e o que ele vai encontrar na casa em que vai atuar, ou seja, quais os riscos daquele cliente e o que requer mais atenção, para que possa chegar com mais segurança no local e fazer um atendimento melhor. O profissional, seja ele um técnico de enfermagem, um cuidador de idosos ou um acompanhante, vai fazer o cuidado entendendo todo o quadro do idoso e as necessidades da família.

Ao longo desses anos, evoluímos muito como empresa, mas eu também amadureci como pessoa, pois as famílias com as quais convivemos fazem com que sejamos melhor a cada dia. A Padrão

Enfermagem me trouxe a chance de crescer e ainda me ofereceu a possibilidade de ser uma empresária, o que minha profissão em geral não oferece. Hoje sou uma pessoa realizada e dona do meu tempo, porque tenho uma equipe excelente, pessoas que foram escolhidas a dedo para me auxiliar."

Cristina Gomes Ribeiro, primeira franqueada da
Padrão Enfermagem, desde 2012.

"Quando surgiu a oportunidade de adquirir a primeira unidade da Padrão Enfermagem em Porto Alegre, há oito anos, eu não pensei muito. Resolvi topar o desafio e ir em frente, embora nunca tivesse trabalhado na área de saúde. Felizmente deu tudo certo, temos uma carteira de clientes muito boa e a maioria das pessoas que nos procura vem por indicação, sinal de que estamos no caminho certo. Mas o início não foi tão fácil como eu imaginava.

Sou formada em publicidade, trabalhei em rádios e depois fui para a área de perfumaria de luxo em multinacionais, atuando no setor comercial e em grandes eventos. Mas a economia brasileira entrou em crise, o mercado foi ficando difícil no Rio Grande do Sul, e eu tive que procurar outra atividade. Quando resolvi assumir a Padrão, foi um grande desafio entrar em um negócio que já estava em funcionamento, sem saber os problemas que poderiam surgir. Além disso, minha sócia morava na Itália, e nós só conversávamos virtualmente.

Também fiquei assustada com a grande responsabilidade que eu assumia. Eu sempre gostei de me relacionar, sei ouvir e conversar com as pessoas; é uma característica minha. Mas me incomodava o fato de que, por melhor que eu fizesse o meu trabalho ao conversar e indicar um profissional para uma família, o que acontecia depois não dependia mais de mim, pois era outra pessoa que realizaria o serviço.

Com o tempo e a experiência, tudo mudou. Hoje, ao conversar com um futuro cliente, já vem em minha cabeça o profissional indicado para aquele caso. Foi um 'trabalho de formiguinha', dia a dia aprendendo no relacionamento com as famílias e os profissionais de cuidados, conversando e resolvendo os problemas que surgiam. Compreendi que meu trabalho é como uma missão, e isso é muito gratificante. Conhecer as pessoas, ajudá-las nos momentos difíceis e ver que elas ficam satisfeitas e agradecidas tem sido muito bom."

Soyan Valeska Marin, franqueada da
Padrão Enfermagem desde 2017.

"Eu venho de uma longa experiência na enfermagem desde que me formei, há quase 26 anos, aqui em Vitória, no Espírito Santo. Sou enfermeiro obstetra, formei técnicos de enfermagem como professor, dirigi hospitais, fiz um mestrado em cardiologia pela UFRJ e tive ainda muitas oportunidades de trabalhar com gestão, o que me abriu muito cabeça.

Há aproximadamente doze anos, minha noiva e eu começamos a pensar em ter um negócio nosso. Ela é bioquímica e farmacêutica, trabalhava em um laboratório tradicional de sua família, mas se sentia acomodada e queria tentar outra atividade, pois é uma pessoa muito dinâmica. Eu gostava do que fazia, mas não concordava muito com a ideia comum de que na enfermagem se trabalha por amor, sendo a remuneração algo secundário.

Lembro que minha noiva pensou primeiramente em uma franquia de chocolates, mas o nome Padrão Enfermagem me atraiu quando entrei no site da Associação Brasileira de Franchising. Acabamos entrando em contato com a empresa, nos casamos e combinamos que assim que voltássemos de nossa lua de mel íamos fazer o treinamento para abrir a franquia. E assim foi feito.

Tivemos algumas dificuldades no início, pois o capixaba é um povo fechado, as pessoas não entendiam bem nosso negócio. Mas eu tinha um ótimo *network* na área de saúde e, como éramos pioneiros na região, tudo acabou dando certo. Em apenas um mês conseguimos pagar as despesas de instalação física do escritório, e em cinco conseguimos quitar a compra da franquia.

Hoje posso dizer que, além da minha experiência como enfermeiro – o que me permite orientar as famílias com pessoas que precisam de cuidados – conheço o que vivem essas famílias, pois a Padrão Enfermagem esteve presente quando precisei de profissionais para cuidar do meu pai. Hoje utilizo os serviços para minha mãe e para a avó de minha esposa, e com certeza minha empresa vai continuar a atender outros idosos de nossas famílias. Portanto, a Padrão Enfermagem é exatamente aquilo que eu gostaria de fazer, que é ajudar as pessoas, mas sendo bem remunerado."

José Eduardo Loureiro Jorge, franqueado da
Padrão Enfermagem desde 2013.

"Foi a partir da doença do meu sogro, há mais de vinte anos, que despertei para a enfermagem. Eu sempre o acompanhava nas consultas e ficava bastante contrariada por não conseguir assimilar o que o médico nos dizia. Como sou uma pessoa muito curiosa, que gosta de buscar o conhecimento, resolvi fazer um curso de técnica de enfermagem, o que foi muito bom. Depois fiz pós-graduação em enfermagem do trabalho e trabalhei em clínicas, empresas, hospitais e ainda como voluntária. Enfim, fiz um pouco de cada coisa, mas sempre me identifiquei muito com os idosos.

Certa ocasião, a clínica em que eu trabalhava foi vendida enquanto eu estava de férias, e quando eu retornei, fui demitida pouco tempo depois. O novo dono queria fazer uma reformulação no local e trocou toda a equipe. Então o meu marido, Rangel, que é empresário e empreendedor, começou a procurar para mim algo em que eu não precisasse trabalhar aos fins de semana. Ele achava que, se eu tivesse um negócio meu, poderia ficar mais tempo com ele em casa.

Rangel pensou em uma franquia e assim chegou à Padrão Enfermagem, já que eu sou técnica de enfermagem. No início, eu fiquei um pouco reticente, pois achava que ser empregada era melhor. Mas tive muita sorte, pois no segundo ou terceiro mês depois de instalar a empresa, eu já consegui pagar as contas! Mas foi agenciando nos finais de semana, feriados e à noite que eu comecei a ganhar mais clientes.

A ideia de não trabalhar nos fins de semana, portanto, não funcionou no início, pois quem tem uma empresa não tem descanso, está sempre trabalhando. E até hoje, se for preciso, eu vou até a casa do cliente a qualquer dia e hora. Eu 'vesti a camisa' da empresa de verdade e faço tudo com muito amor, pois gosto muito dos idosos, tenho muito carinho por eles.

Hoje, dez anos depois, nossa empresa vai muito bem e eu tenho mais tempo para mim, pois conto com três ótimas colaboradoras e meu sócio, o Rangel, fica responsável pela parte administrativa. A grande maioria dos meus clientes vem por indicação de antigos clientes e eu continuo gostando muito do que eu faço. Deu certo!"

Marilurdes Ávila Bettanzos, franqueada da
Padrão Enfermagem em Santos há dez anos.

NOSSO TRABALHO É FOCADO EM RESOLVER DORES, E SÓ PROSPERA NELE QUEM CONSEGUE TER UM ATENDIMENTO DE EXCELÊNCIA, OFERECENDO UM SUPORTE EFICAZ COM PROFISSIONAIS QUALIFICADOS.

O dever de cuidar
@rafael_schinoff_ceo
@roberta_bellumat

Conclusão

Dr. Sebastião recebeu uma visita inusitada em seu consultório. Eram os filhos de uma cliente sua, falecida pouco tempo atrás, aos 84 anos. Eles queriam que o médico atestasse que sua mãe não estava mais em sã consciência havia algum tempo e que deveria ter sido declarada incapaz. No entanto, segundo dr. Sebastião, sua cliente, apesar do coração muito debilitado, estava lúcida e não apresentava sinal algum de demência. Inclusive nunca faltava às consultas, sempre acompanhada de sua cuidadora, que parecia lhe devotar muito carinho. Os filhos disseram, então, o motivo de seu pedido: sua mãe, em testamento, havia deixado seu apartamento e uma alta quantia para sua cuidadora como agradecimento pela amizade e companhia ao longo dos últimos anos de sua vida.

Envelhecer pode ser muito diferente de uma cultura para outra. Enquanto os povos orientais valorizam a sabedoria dos idosos e cuidam para que vivam muito e bem, algumas culturas menos conhecidas, geralmente nômades, veem os idosos como um fardo e estimulam sua morte assim que eles se tornam dependentes.

Em nossa cultura, os idosos devem ser cuidados pela família, e a lei determina isso. O artigo 229 da Constituição Federal define que "os pais têm o dever de assistir, criar e educar os filhos menores, e os filhos maiores têm o dever de ajudar e amparar os pais na velhice, carência ou enfermidade".[30] Já o Estatuto do Idoso reafirma esse dever ao dizer que "é obrigação da família, da comunidade, da sociedade e do poder público assegurar à pessoa de idade, com absoluta prioridade, a efetivação do direito à vida, à saúde, à alimentação, à educação, à cultura, ao esporte, ao lazer, ao trabalho, à cidadania, à liberdade, à dignidade, ao respeito e à convivência familiar e comunitária".[31]

É claro que diversos fatores influenciam as atitudes dos filhos em relação ao envelhecimento e às necessidades de cuidados dos pais. Muitas vezes os filhos moram distantes, em outros casos não se estabeleceu entre eles uma relação afetiva forte. E há casos mais complicados, em que a única solução é acomodar os pais idosos em casas de repouso, e felizmente já começam a surgir no Brasil algumas equipadas para oferecer o melhor em atendimento da saúde e lazer a seus internos, embora sejam muito caras.

De maneira geral, é junto de seus filhos, em suas casas, que grande parte das pessoas de idade vive em nosso país, e esse é, reconhecidamente, um bom arranjo. Acredita-se que idosos que vivem com suas famílias têm o tempo de internação hospitalar diminuído,[32] o que demonstra a importância do convívio familiar para as pessoas mais velhas. Essa convivência, porém, nem sempre é fácil. São pessoas com o mesmo sangue, mas com hábitos e pensamentos

[30] BRASIL. Constituição (1988). Constituição da República Federativa do Brasil. Brasília: Senado Federal, 1988.

[31] BRASIL. Lei nº 1074/2003. Estatuto do Idoso. Brasília: outubro de 2003.

[32] BRASIL. **Guia prático do cuidador**. Brasília (DF): Ministério da Saúde, 2008. Disponível em: https://bvsms.saude.gov.br/bvs/publicacoes/guia_pratico_cuidador.pdf. Acesso em: 7 nov. 2024.

bem diferentes. Nesses casos, é natural que surjam conflitos entre gerações, situações em que os mais velhos normalmente ficam em desvantagem, já que o "tempo deles já passou".

No entanto, conviver com idosos pode ser uma experiência muito enriquecedora. Como a correria da vida costuma afastar as pessoas, inclusive pais e filhos, muitas vezes o tempo de cuidar dos pais ou avós se transforma em uma oportunidade de reencontro, de reatar os laços afetivos perdidos no decorrer da vida. Lembranças e histórias do passado fazem bem, não apenas aos idosos, mas aos jovens também. Ou seja, os cuidados podem ser muito positivos para quem se abre à oportunidade de aprendizado com as gerações antigas, que com certeza muito contribuem para a vida de quem ainda tem um longo caminho pela frente.

Por isso, acredito que os capítulos que compõem esta obra são uma fonte essencial para famílias que enfrentam os desafios de cuidar de seus entes queridos que envelheceram, em especial aqueles que necessitam de cuidados contínuos, e querem fazê-lo da melhor forma possível, assimilando os princípios do cuidado humanizado. Embora o foco principal seja o cuidado com idosos, as orientações e soluções aqui apresentadas são igualmente aplicáveis a outras faixas etárias, como bebês, crianças e adultos com necessidades especiais. Seja no ambiente domiciliar, seja em hospitais, a busca por soluções adequadas, profissionais capacitados e assistência de qualidade é primordial para o bem-estar de todos.

Além de atender às necessidades daqueles que exigem cuidados, este livro oferece um suporte valioso para as famílias que muitas vezes se encontram exaustas, perdidas e em conflito por falta de preparo ou informações adequadas. Aqui, apresentamos um caminho claro e estruturado para ajudar a resolver esses dilemas, oferecendo recursos práticos e emocionais que não só melhoram a qualidade de vida dos assistidos, mas também aliviam o peso sobre seus cuidadores.

A intermediação de mão de obra, como destacamos ao longo destas páginas, além de representar uma solução eficaz e segura, é uma oportunidade de negócios valiosa. Seja para quem deseja empreender no setor de cuidados, seja para empresas que necessitam de profissionais qualificados, este modelo traz flexibilidade e segurança jurídica, facilitando a oferta e a demanda de mão de obra especializada.

Por tudo isso, este livro deve ser considerado uma leitura indispensável para qualquer família. Como uma verdadeira "bíblia" do cuidado, ele fornece informações e orientações detalhadas que ajudam a prevenir o desgaste familiar, a organizar o cuidado de modo profissional e a promover o bem-estar de todos os envolvidos. É uma ferramenta indispensável para transformar o cuidado com quem amamos em uma experiência mais digna, humana e eficiente.

À medida que a sociedade envelhece e a demanda por cuidados especializados cresce, precisamos de soluções que conciliem as necessidades dos assistidos com a saúde e o equilíbrio das famílias. Este livro não só traz essas soluções, como inspira novas oportunidades para melhorar a qualidade de vida, seja por meio do cuidado afetivo e profissional, seja por novas formas de empreender no setor de saúde e cuidados.

Obrigado por fazer parte dessa jornada conosco, e espero que você tenha encontrado apoio e soluções de cuidado humanizado nestas páginas.

À MEDIDA QUE A SOCIEDADE ENVELHECE E A DEMANDA POR CUIDADOS ESPECIALIZADOS CRESCE, PRECISAMOS DE SOLUÇÕES QUE CONCILIEM AS NECESSIDADES DOS ASSISTIDOS COM A SAÚDE E O EQUILÍBRIO DAS FAMÍLIAS.

O dever de cuidar
@rafael_schinoff_ceo
@roberta_bellumat

Resultado do teste

As respostas das questões do capítulo 5 estão aqui, com comentários que ajudam a entender melhor como é o dia a dia de pessoas idosas e o tipo de cuidados de que elas necessitam. Vale ressaltar que as perguntas não são específicas e nem abrangem todo tipo de cuidados, já que idosos com muitos comprometimentos graves de saúde física e mental vão requerer atenção especial, a cargo de profissionais de enfermagem.

Questão 1
Alternativa correta: letra B.

*Para cuidar bem de uma pessoa de idade, **não** se deve: tratá-la como se trata uma criança, pois idosos não compreendem bem o que se passa e precisam de muitos cuidados.*

Não importa seu estado de saúde, idosos merecem respeito. É preciso considerar sua história de vida e lembrar que eles compreendem muito bem suas necessidades, a não ser, claro, se são indivíduos não lúcidos.

Questão 2
Alternativa correta: letra A.

*Marque a alternativa **correta** em relação ao papel do cuidador: se o idoso estiver incapacitado de andar, deve-se deixá-lo parte do tempo sentado na sala, pois é um local onde ocorre maior circulação dos membros da família, diminuindo o sentimento de solidão.*

A família é muito importante para a pessoa de idade, e quanto mais ela estiver perto dos seus, melhor se sentirá e menos ficará predisposta à depressão. Sobretudo na recuperação em caso de doença, é preciso estimular a convivência do idoso com a família, em especial com as crianças. Caso ele goste de bichos de estimação, ter sua companhia é muito positivo. As pessoas, ao envelhecerem, ficam mais sentimentais, mais sensíveis emocionalmente, pois se tornam mais frágeis e dependentes. É preciso se conscientizar de que uma família dispersa representa uma grande tristeza para quem envelheceu.

Questão 3
Alternativa correta: letra A.

*Marque a alternativa **errada** em relação ao banho da pessoa de idade: no momento do banho, não é importante que o cuidador estimule no idoso a tarefa de banhar-se.*

Não apenas durante o banho, mas na hora de se alimentar ou em qualquer outra atividade do dia, é muito importante estimular a autonomia do idoso. Quanto mais ele é incentivado a fazer o que consegue fazer sozinho, menos depende do outro, o que beneficia sua autoestima e faz com que viva com mais alegria e disposição.

Questão 4
Alternativa correta: letra B.

*Em relação à febre, marque a alternativa **correta**: o mais comum é a ausência de febre em idosos, em função da baixa imunidade.*

A febre nada mais é do que uma reação do corpo. Enquanto a criança tem uma imunidade muito boa, e por isso tem febre, o idoso, por não ter mais uma boa imunidade, normalmente não a apresenta. É muito comum que pessoas de idade com quadro de infecção – urinária ou pneumonia, por exemplo – não apresentem febre. Como reação, elas ficam mais apáticas, sonolentas, prostradas, ou ainda mudam o comportamento ou apresentam confusão mental. Por isso é tão importante ter um cuidador bem preparado, que saiba perceber esses sinais a tempo de que as providências corretas sejam tomadas.

Questão 5
Alternativa correta: letra A.

*Pacientes idosos que **não têm pressão alta devem**: aferir a pressão com os médicos nas consultas regulares.*

Não há por que ficar procurando uma doença em quem não a tem. No caso do controle da pressão, muitas vezes ter aparelhos eletrônicos em casa podem induzir ao erro, caso eles não estejam bem calibrados. Até mesmo um aparelho com pilhas fracas pode apresentar números errados. Por isso, o aconselhável é medir a pressão nas consultas regulares. O mesmo vale para quem não tem diabetes. Não há por que ficar furando o dedo toda hora.

Questão 6
Alternativa correta: letra A.

*Marque a alternativa **correta**: em casa, é importante deixar os caminhos livres, retirando móveis e entulhos, evitar tapetes soltos e fios (telefones, extensões) no chão.*

A maior parte dos acidentes acontece dentro de casa. Tirar tapetes e redobrar cuidados com fios soltos e objetos no chão é muito importante, pois a recuperação de um osso quebrado é muito mais lenta e sacrificante para pessoas idosas, e não são poucos os casos em que elas deixam de andar em função de um tombo. Evitá-los sempre é a melhor saída.

Questão 7
Alternativa correta: letra C.

*Sobre o papel do cuidador, é **incorreto** afirmar que: não deve comunicar ao médico e familiares mudanças no comportamento (agitação, agressividade, confusão mental) de um paciente com demências, pois isso faz parte da doença.*

É obrigação do cuidador comunicar aos familiares e ao médico qualquer modificação no comportamento do idoso, pois quanto antes for identificado o que causou a reação, melhor para todos. Mudanças de comportamento são especialmente importantes quando a pessoa de idade troca uma medicação ou quando ela está passando por um momento difícil. É possível ainda que o idoso esteja começando um quadro de demência, por isso é importante que as atitudes sejam tomadas em tempo mínimo.

Questão 8
Alternativa correta: letra A.

*O que é a **osteoporose**? É uma doença que se caracteriza pela perda progressiva de massa óssea, tornando os ossos enfraquecidos e predispostos a fraturas.*

Por ser uma doença que atinge predominantemente as pessoas de idade, a osteoporose pode fazer com que elas nunca mais possam andar depois de um tombo. Para evitar a doença é preciso adotar uma alimentação saudável rica em cálcio. É muito importante, ainda, que o idoso se exercite para preservar sua massa muscular, já que o que sustenta e protege os ossos são os músculos. Não importa a idade, o ser humano precisa tonificar os músculos.

Questão 9
Alternativa correta: letra A.

*Marque a alternativa **correta** em relação aos cuidados na administração de medicamentos: para idosos com dificuldade de deglutição, os medicamentos devem ser triturados em separado e administrados cuidadosamente com líquido.*

Em geral, pessoas de idade têm dificuldade de deglutição, por isso é importante macerar o medicamento (no caso de cápsula, abri-la e utilizar todo seu conteúdo) e misturá-lo com um pouco de água. Se a alimentação for por sonda, é preciso macerar ainda mais. É essencial ainda usar sempre água, que é o veículo ideal. Misturar a medicação com outros líquidos é perigoso, pois sucos, café ou refrigerantes podem modificar a composição química do remédio e dificultar sua absorção, alterando seu efeito, algumas vezes para pior.

Questão 10
Alternativa correta: letra A.

Para ligar o ar-condicionado nos ambientes onde o idoso está, é importante: **ligar também um umidificador.**

O ar-condicionado resseca o ambiente, o que pode causar problemas respiratórios nas pessoas de idade. Elas costumam ter distúrbios respiratórios como asma, bronquite, enfisema pulmonar e outros problemas crônicos. É importante saber que a maioria dos idosos com mais de 90 anos perde a capacidade pulmonar, especialmente se foram fumantes ativos ou passivos.

Questão 11
Alternativa correta: letra B.

Marque a alternativa **correta** *em relação aos sinais vitais: os sinais vitais englobam temperatura, pressão arterial, frequência cardíaca e frequência respiratória.*

Sinais vitais são aqueles que demonstram que a pessoa está viva. Os cuidadores de idosos estão aptos a verificá-los.

Questão 12
Alternativa correta: letra B.

Sobre a **medicação do idoso:** *deve-se reunir todos os medicamentos em uma caixa, tendo ao lado as prescrições, para que eles sejam tomados de acordo com o indicado pelo médico.*

Medicamento é algo muito sério, especialmente para o idoso. Há algumas fórmulas que interagem entre si e podem ter seu efeito diminuído. O ideal é organizar muito bem os medicamentos, não os tirar da embalagem original e ter ao lado a prescrição do médico, para evitar confusões. E caso a pessoa de idade não esteja lúcida, será preciso que outro indivíduo faça a administração de seus medicamentos. Há idosos que não tomam seus remédios e aqueles que esquecem e tomam o mesmo remédio duas vezes, o que em certos casos pode causar até a morte.

Questão 13
Alternativa correta: letra B.

*Em relação à alimentação do idoso, é **correto** afirmar que: toda refeição deve ser gostosa e variada, contendo todos os grupos de alimentos, de fácil digestão e em quantidades suficientes, sendo divididas em várias refeições (cinco a seis por dia).*

Nem sempre é fácil apresentar uma refeição apetitosa para o idoso, em função das dificuldades que ele pode ter para engolir o alimento, mas todo esforço deve ser feito nesse sentido. É preciso lembrar ainda que pessoas de idade normalmente têm menos fome e menos sede, além de menos paladar.

Questão 14
Alternativa correta: letra A.

*Em relação à incontinência urinária, marque a resposta **correta**: causar constrangimento ao idoso pode prejudicá-lo, deixando-o pouco cooperativo e até mais agitado.*

Não é agradável para as pessoas idosas o uso de fraldas geriátricas, por isso é preciso introduzi-las com muito cuidado e carinho.

Felizmente existem fraldas mais modernas que parecem calcinhas e cuecas, e facilitam a adesão do paciente. Ainda assim, é importante que os idosos recebam muito apoio quando passam a precisar de fraldas.

Questão 15
Alternativa correta: letra C.

O método mais adequado para auxiliar inicialmente a pessoa com dificuldade para urinar é: abrir a torneira e deixar a água correr próximo ao paciente.

A dificuldade para urinar pode ter diversas causas e até mesmo certos medicamentos podem causar o problema. Trata-se de um distúrbio muito desconfortável, que causa incômodos sérios na rotina do idoso, pois afeta seu bem-estar e pode provocar até mesmo insônia. O mais correto é procurar ajuda médica para descobrir a origem do problema e tratá-lo convenientemente.

Questão 16
Alternativa correta: letra C.

*Qual das medidas a seguir **facilita o tratamento das lesões por pressão**, antigamente chamadas de "escaras"? Eliminar a pressão sobre a ferida ou próximo dela.*

Lesão por pressão é uma lesão na pele e/ou nos tecidos subjacentes, em geral sobre uma proeminência óssea, que ocorre devido à pressão prolongada ou fricção. Esse tipo de ferimento é comum em pessoas que têm mobilidade limitada, como aquelas que estão acamadas ou em cadeiras de rodas por longos períodos. Os fatores de risco para essas lesões são: imobilidade prolongada, idade avançada, má nutrição, incontinência urinária ou fecal, doenças crônicas, como diabetes, e alterações na circulação sanguínea

Questão 17
Alternativa correta: letra A.

*Para que serve o **elevador de vaso sanitário**? Para proporcionar conforto e facilitar a utilização do vaso sem muito esforço físico por parte de pessoas idosas.*

O banheiro é um espaço perigoso para os idosos, e adaptações para sua segurança são sempre bem-vindas. Os elevadores elevam a altura do vaso sanitário e, por serem fabricados em material plástico, são de fácil colocação. É um utensílio muito útil para quem tem artrose ou outros problemas o impedem de se abaixar com facilidade.

Questão 18
Alternativa correta: letra C.

*Faz parte de um **cuidado humanizado**: cuidar do idoso de maneira integral, considerando suas emoções, valores e contexto social.*

O cuidado humanizado é aquele que tem uma visão holística do paciente e que vai além das técnicas e procedimentos clínicos, buscando um atendimento mais personalizado e respeitoso.

Questão 19
Alternativa correta: letra C.

*O que é a **síndrome do jaleco branco**? É o medo irracional que algumas pessoas têm de médicos, cuidadores, clínicas, hospitais ou*

qualquer situação ou objeto que remeta a um atendimento na área de saúde.

A síndrome do jaleco branco foi identificada pela primeira vez em 1980 e costuma ocorrer em pessoas idosas. Seu principal sintoma é a hipertensão pontual, quando o paciente tem leituras de pressão alta em um ambiente médico, em função da ansiedade. Tal condição deve ser avaliada apropriadamente, para evitar ajustes desnecessários de medicação para a hipertensão.

Questão 20
Alternativa correta: letra B.

*Por que é preciso **monitorar a glicose** da pessoa idosa diabética regularmente? A fim de garantir que os níveis de açúcar em seu sangue estejam dentro da faixa recomendada pelo médico.*

Manter a glicose em valores normais é importante porque cérebro, coração, rins, fígado e demais órgãos vitais não conseguem desempenhar bem suas funções com a glicose em níveis alterados.

Questão 21
Alternativa correta: letra A.

*O **cuidador de idosos profissional, para exercer a atividade**, deverá: possuir no mínimo 18 anos completos.*

Além disso, esse profissional deve ter o ensino fundamental ou correspondente, e ter concluído, com aproveitamento, curso de qualificação profissional e apresentar atestado de aptidão física e mental.

Questão 22
Alternativa correta: letra A.

O Estatuto da Pessoa Idosa prevê, para quem abandonar um indivíduo de idade em hospitais, casas de saúde ou entidades de longa permanência: **pena de detenção de seis meses a três anos e multa**.

O mesmo artigo 98 do Estatuto da Pessoa Idosa prevê a mesma pena e multa a quem não prover as necessidades básicas do idoso, quando obrigado por lei.

Questão 23
Alternativa correta: letra B.

É dever do cuidador profissional: **zelar pela segurança da pessoa idosa**.

Segundo o projeto de lei que cria e regulamenta as profissões de cuidador de pessoa idosa, cuidador infantil, cuidador de pessoa com deficiência e cuidador de pessoa com doença rara, são deveres desses profissionais: "i – zelar pelo bem-estar, integridade física, saúde, alimentação, higiene pessoal, educação, cultura, recreação e lazer da pessoa assistida; ii – manter sigilo sobre as informações a que tem acesso em função de sua atividade, relativas à família do empregador; iii – zelar pelo patrimônio do empregador no exercício de suas funções e pelas dependências utilizadas pela pessoa assistida".[33]

---

[33] BRASIL. **Projeto de Lei n. 3004/2023. Cria e regulamenta as profissões de Cuidador de Pessoa Idosa, Cuidador Infantil, Cuidador de Pessoa com Deficiência e Cuidador de Pessoa com Doença Rara e dá outras providências.** 2023. Disponível em: https://pt.slideshare.net/slideshow/pl30042023pdf/261773342. Acesso em: 23 out. 2024.

Questão 24
Alternativa correta: letra A.

*Marque a alternativa **correta**: a pessoa idosa pode conviver bem com suas doenças, sem que elas afetem a qualidade de vida.*

O envelhecimento da população se deve especialmente ao desenvolvimento da medicina. Entretanto, o idoso deve ser cuidado com atenção aos principais fatores que podem garantir-lhe uma boa qualidade de vida. A prática de atividades físicas é importante para diminuir os riscos de doenças cardiovasculares e fortalecer os músculos. Ter uma alimentação balanceada é outra forma eficaz de preservar a saúde na terceira idade, com alimentos ricos em cálcio e proteínas e menos açúcares, gorduras, sódio e alimentos industrializados. Por fim, uma boa integração social e familiar garante uma vida melhor para as pessoas idosas.

PONTUAÇÃO

Se você acertou entre 20 e 24 questões, está apto a cuidar de uma pessoa idosa sem maiores comprometimentos. Caso tenha acertado entre 15 e 20 questões, precisa saber um pouco mais para se responsabilizar pelos cuidados de alguém de idade. Se acertou menos de 15 questões, porém, é sinal de que sabe muito pouco sobre cuidados. Busque conhecimento na área ou procure um cuidador profissional para garantir a qualidade de vida de seu ente querido. Conheça também o Estatuto da Pessoa Idosa, uma leitura essencial para quem convive com pessoas mais velhas.

NÃO IMPORTA SEU ESTADO DE SAÚDE, IDOSOS MERECEM RESPEITO.

O dever de cuidar
@rafael_schinoff_ceo
@roberta_bellumat

Formulários importantes

O controle é muito importante quando se cuida de idosos, pois não faltam procedimentos a cumprir e dos quais lembrar. Desde os horários de seus medicamentos até as consultas e exames médicos, tudo importa na hora de construir uma vida melhor para seu ente querido mais velho. E há ainda as atividades terapêuticas e as informações afetivas que devem ser sempre lembradas, como os aniversários dos filhos e dos netos, os livros mais apreciados, os filmes aos quais assistir. Sem se esquecer dos telefones dos parentes e dos contatos para as situações de emergência.

A seguir você vai encontrar vários formulários a serem utilizados de acordo com as necessidades que cada pessoa idosa requer. Analise cada um deles, veja quais são os que se adequam à rotina de sua casa e copie-os por meio do QR Code a seguir.

https://drive.google.com/drive/folders/1hjPZ1AQ3UhlGyxUjMl2O_MGzXKy9Jr5K

Caso queira transformar os formulários escolhidos em um livreto para estar sempre à mão, utilize também a página a seguir, anotando nela o nome da pessoa cuidada e o ano corrente.

O dever de cuidar:
um guia essencial para apoiar famílias e inspirar quem deseja empreender no cuidado humanizado

Agenda de cuidados de

_____

Ano

_____

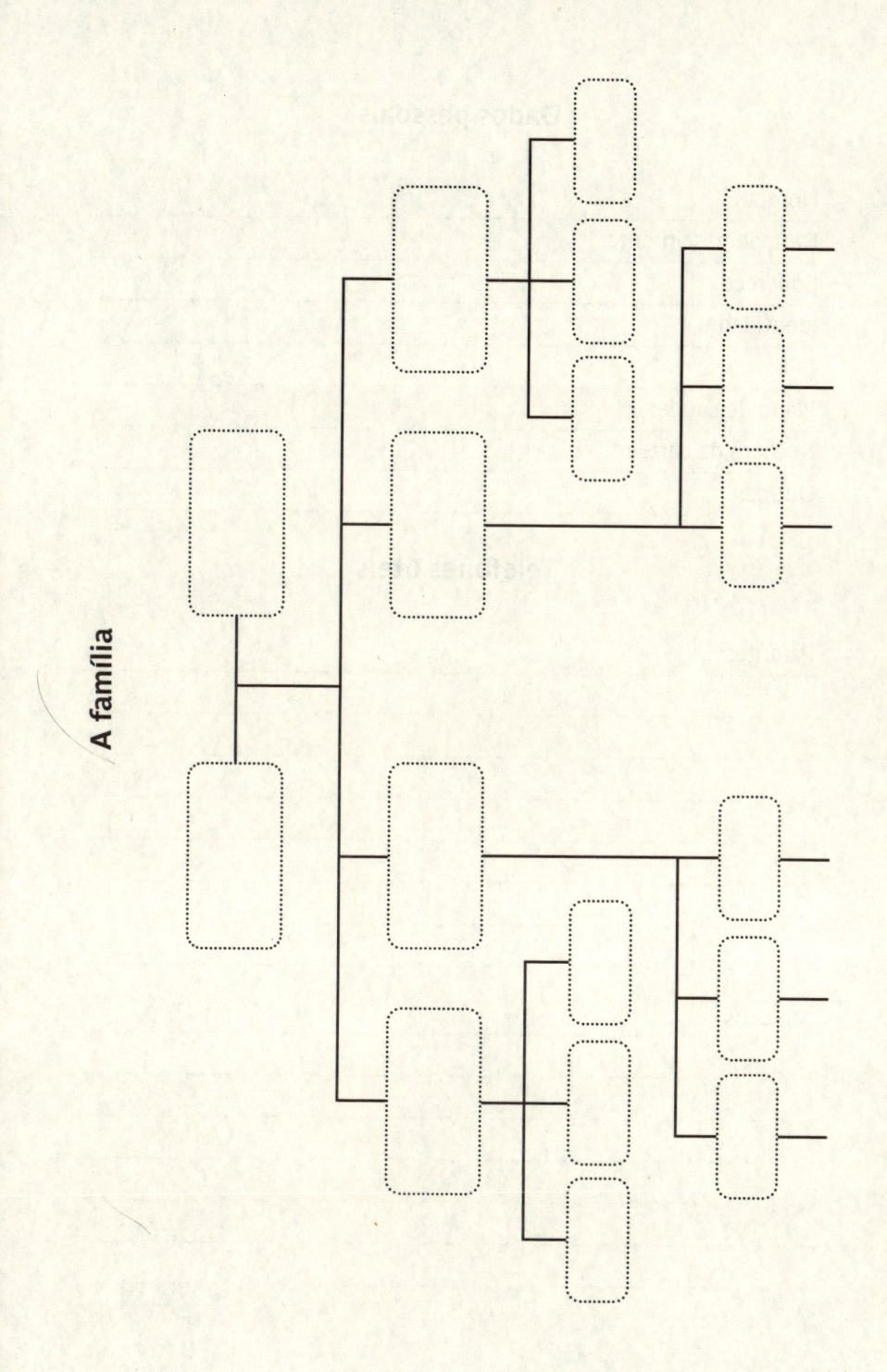

A família

Dados pessoais

Nome: _____

Data de nascimento: _____

Endereço: _____

Identidade: _____

CPF: _____

Plano de saúde: _____

Número da carteira: _____

Outros: _____

Telefones úteis

Parentes: _____

_____

_____

_____

_____

_____

_____

Médicos: _____

_____

_____

_____

_____

_____

Datas importantes e aniversários

Compra de medicamentos

Nome	Data	Validade	Preço	Obs:

Relatório de rotina diária

Nome	Horário	Responsável	Observação
Banho			
Higiene bucal			
Café da manhã			
Colação			
Almoço			
Lanche			
Sono da tarde			
Sono noturno			
Urina			
Evacuação			
Troca de fraldas			
Mudança de decúbito			
Atividade física			
Atividade terapêutica			
Curativo			

Atividades semanais

Nome	Manhã	Tarde	Noite
Segunda-feira			
Terça-feira			
Quarta-feira			
Quinta-feira			
Sexta-feira			
Sábado			
Domingo			

Consultas médicas

Janeiro

Especialista	Data	Observação

Fevereiro

Especialista	Data	Observação

Março

Especialista	Data	Observação

Abril

Especialista	Data	Observação

Maio

Especialista	Data	Observação

Junho

Especialista	Data	Observação

Julho

Especialista	Data	Observação

Agosto

Especialista	Data	Observação

Setembro

Especialista	Data	Observação

Outubro

Especialista	Data	Observação

Novembro

Especialista	Data	Observação

Dezembro

Especialista	Data	Observação

Exames

Janeiro

Especialidade	Data	Observação

Fevereiro

Especialidade	Data	Observação

Março

Especialidade	Data	Observação

Abril

Especialidade	Data	Observação

Maio

Especialidade	Data	Observação

Junho

Especialidade	Data	Observação

Julho

Especialidade	Data	Observação

Agosto

Especialidade	Data	Observação

Setembro

Especialidade	Data	Observação

Outubro

Especialidade	Data	Observação

Novembro

Especialidade	Data	Observação

Dezembro

Especialidade	Data	Observação

Controle semanal de medicamentos

Medicamento	Dose	Via	Hora	2ª	3ª	4ª	5ª	6ª	Sab.	Dom.

Controle de sinais vitais

Data	Horário	Pressão arterial	Frequência cardíaca	Frequência respiratória	Temperatura axilar	Profissional

Mapa glicêmico

Data	Glicemia em jejum	Glicemia pós-café	Glicemia pré-almoço	Glicemia pós-almoço	Glicemia pré-jantar	Glicemia pós-jantar	Glicemia ao deitar

Escala de cuidadores

	De	às	h	De	às	h	De	às	h
Segunda-feira									
Terça-feira									
Quarta-feira									
Quinta-feira									
Sexta-feira									
Sábado									
Domingo									

Este livro foi impresso
pela gráfica Bartira em papel
pólen bold 70 g/m²
em março de 2025.